# Comércio, Desarmamento, Direitos Humanos

Celso Lafer

# Comércio, Desarmamento, Direitos Humanos

*Reflexões sobre uma experiência diplomática*

2ª Edição

PAZ E TERRA

FUNAG
FUNDAÇÃO
ALEXANDRE
DE GUSMÃO

*Diagramação*
MIL Editoração

*Capa*
Isabel Carballo

EDITORA PAZ E TERRA S/A
Rua do Triunfo, 177
Santa Ifigênia, São Paulo, SP - CEP - 01212-010
Tel.: (11) 3337-8399
E-mail - vendas@pazeterra.com.br
Home page - www.pazeterra.com.br

CIP-BRASIL. CATALOGAÇÃO-NA-FONTE
SINDICATO NACIONAL DOS EDITORES DE LIVROS, RJ

L163c

Lafer, Celso, 1941-
Comércio, desarmamento, direitos humanos : reflexões sobre uma experiência diplomática / Celso Lafer. — São Paulo : Paz e Terra, 1999

ISBN 85-219-0337-5

1. Relações internacionais. 2. Política internacional. 3. Direito internacional. I. Título.

99-1189. CDD 32
CDU 3

2006

Impresso no Brasil *Printed in Brazil*

# Sumário

III. Direitos Humanos

*Para*
*Luiz Felipe de Seixas Corrêa*

# PREFÁCIO

Escrever o prefácio deste livro de Celso Lafer foi uma tarefa honrosa e gratificante, por vários motivos. A política externa nacional nas últimas décadas e a trajetória pessoal de Celso Lafer são caminhos que se cruzam, para o bem de nossa diplomacia. Poucos homens públicos brasileiros terão tido, em tempos mais recentes, uma ligação tão estreita e produtiva com o Itamaraty.

Sua produção acadêmica é uma referência obrigatória para os diplomatas e para os estudiosos de relações internacionais. Desde princípios dos anos 70, suas obras têm enriquecido de forma excepcional a visão brasileira sobre as grandes tendências do cenário internacional e as opções diplomáticas do país.

No livro *Argentina e Brasil no sistema das relações internacionais*, escrito em parceria com Felix Peña e publicado em 1973, Celso Lafer antecipava toda uma série de tendências que viriam mais tarde a marcar a evolução do sistema internacional, como por exemplo a escassa identidade entre o conjunto dos países do "Sul" ou a importância crescente dos atores não-governamentais.

Em um momento de fortes tensões e rivalidades entre os regimes militares do Brasil e da Argentina, Celso Lafer e Felix Peña propunham já então uma aliança entre os países da América Latina como forma de "agregar poder" para alterar as regras de um sistema internacional que não era — e ainda hoje não é — favorável aos países em desenvolvimento. Desnecessário destacar a atualidade dessas posições. Nos anos 70, a prioridade à integração latino-americana não era de forma alguma um ponto de consenso entre as lideranças da região. Hoje, sabemos todos que esse é o caminho a seguir, mas naquela época era necessário coragem, lucidez, espírito analítico e, sobretudo, capacidade de antevisão para defender esse tipo de proposta. Essas são as qualidades que caracterizam desde então a obra de Celso Lafer.

Nos anos 80, com os livros *Paradoxos e possibilidades (Estudos sobre a ordem mundial e sobre a política exterior do Brasil num sistema internacional em transformação)* e *O Brasil e a crise mundial*, Celso Lafer discute de forma magistral a condição do Brasil como "potência intermediária", suas possibilidades (legitimidade e credibilidade de nossa ação externa) e limites (nossas carências de poder) para influenciar na reestruturação da ordem mundial. Nessas obras, os conceitos da cisão entre ordem e poder no sistema internacional ou o da erosão da previsibilidade preanunciavam as rupturas que viriam a ocorrer com a queda do Muro de Berlim em 1989 e o fim da União Soviética em 1991.

Lafer observava que as propostas brasileiras de democratização da ordem internacional deveriam ser vistas em conjunto com o processo de transição interna para a democracia. Essa é outra das características do conjunto de sua obra: as relações internacionais não são jamais um campo de mero interesse acadêmico, mas sim uma forma de refletir sobre o Brasil, sobre nossas carências e sobre propostas para superá-las.

Suas reflexões sobre a conciliação entre realismo e idealismo ou entre eficácia e legitimidade são também lições de filosofia e ciência política no seu sentido mais amplo, e não apenas de relações internacionais.

Ao longo das três últimas décadas, em suma, seus escritos continuaram a representar uma inesgotável fonte de enriquecimento para as novas gerações de diplomatas formados pelo Instituto Rio Branco, bem como de orientação conceitual para os agentes diplomáticos envolvidos no dia-a-dia da defesa dos interesses do Brasil.

Em 1992, tivemos o privilégio de ter Celso Lafer à frente do Ministério das Relações Exteriores. Embora curta, pelas vicissitudes do momento político nacional, sua gestão trouxe para a Chancelaria a visão enriquecedora do intelectual, professor universitário, jurista e empresário — a visão, em suma, de um homem público com uma formação universal. O Itamaraty continua a beneficiar-se da marca de sua passagem pelo Ministério.

Três anos mais tarde, em 1995, quando deixei Genebra para assumir o Ministério das Relações Exteriores, Celso Lafer sucedeu-me na função de Representante Permanente do Brasil junto às Nações Unidas e aos demais Organismos Internacionais sediados naquela cidade. Permaneceu no cargo até o final de 1998, quando foi chamado pelo presidente Fernando Henrique Cardoso para assumir o Ministério do Desenvolvimento, Indústria e Comércio.

Em Genebra, Celso Lafer teve uma atuação muito destacada em temas absolutamente centrais para os interesses externos do país. Acompanhou o nascimento da Organização Mundial do Comércio (OMC), e esteve à frente de negociações delicadas como a questão do regime automotivo brasileiro. Em 1996, presidiu o Órgão de Solução de Controvérsias da OMC, em momento extremamente delicado em que o Brasil acionava os Estados Unidos no caso das restrições norte-americanas a nossas exportações de gasolina. Exerceu, em 1997, a Presidência do Conselho Geral da Organização. Seu trabalho junto à Comissão de Direitos Humanos foi fundamental para firmar uma nova imagem internacional do Brasil no campo dos direitos humanos, em linha com a prioridade que passamos a atribuir a esse tema no plano interno. Nessas e em outras questões, o presente livro de Celso Lafer combina o relato das experiências de um homem de ação com o refinamento conceitual e analítico do intelectual e acadêmico.

A maior satisfação em poder redigir este prefácio consistiu, enfim, na possibilidade de fazer um registro de reconhecimento e de apreço, meu e dos funcionários do Ministério das Relações Exteriores, por esse homem público excepcional. Todos aqueles que tivemos a oportunidade de conviver com Celso Lafer aprendemos a admirar suas extraordinárias qualidades humanas.

Como chanceler, portanto, posso apenas recomendar vivamente a leitura deste livro, por todas as suas lições de diplomacia e política internacional ou, simplesmente, de política — entendida como a arte de defender interesses através da conciliação de posições e do respeito aos princípios éticos da lealdade, da honestidade e da honradez.

*Luiz Felipe Lampreia*
Ministro das Relações Exteriores
*Junho de 1999*

# Apresentação

As relações internacionais e o Direito Internacional Público sempre estiveram no centro da minha reflexão acadêmica. O conteúdo desta reflexão se viu enriquecido e aprofundado pela experiência vivida em 1992 como ministro das Relações Exteriores e posteriormente como embaixador do Brasil junto aos organismos internacionais sediados em Genebra, de 1995 a 1998.

Genebra me permitiu perceber, na prática, o que significa, no plano da diplomacia multilateral, cada um dos três campos que, para efeito de análise, costumava caracterizar o âmbito das relações internacionais: (i) o campo estratégico-militar que diz respeito aos riscos de guerra e às possibilidades da paz; (ii) o campo econômico que articula o que um país representa ou pode representar para outro como mercado em seu sentido mais amplo e (iii) o campo dos valores que alude às divergências ou afinidades quanto às formas de conceber a vida em sociedade.

Com efeito, no mundo pós-Guerra Fria, a Organização Mundial do Comércio, que sucedeu ao antigo GATT, tornou-se, no campo econômico, um dos tabuleiros diplomáticos centrais, configurador da moldura jurídica do comércio de bens e serviços no mundo globalizado em que vivemos. Por sua vez, no campo estratégico-militar, a Conferência de Desarmamento é um termômetro sensível das tensões internacionais, hoje caracterizadas, com o término do paradigma estruturador da bipolaridade EUA-URSS, pelo embate entre as forças centrípetas da globalização e as centrífugas da fragmentação. É do jogo dessas forças contraditórias que surgem as possibilidades da cooperação em prol da paz através do controle e da redução dos armamentos e que se colocam também as suas dificuldades. Estas não são pequenas num campo que tem como tema a segurança e como foco a avaliação, por parte dos Estados, de uma situação-limite: a da sua sobrevivência como atores soberanos num sistema internacional, assinalado pela distribuição assimétrica do poder e das armas, em especial as de destruição em massa. Finalmente, no campo dos valores, a Comissão de Direitos Humanos da ONU é igualmente um tabuleiro diplomático que permite aferir em que medida o término da confrontação ideológica e o fim das polaridades definidas Leste/Oeste, Norte/Sul vêm levando, ou não, à convergência axiológica consagrada na Conferência de Viena de 1993, em torno dos direitos humanos, da democracia e da paz.

Em Genebra, procurei sempre pensar o significado e o alcance, para o Brasil, dos temas do comércio, do desarmamento e dos direitos humanos, pois estes constituíam dos mais importantes *dossiês* que estiveram sob minha responsabilidade. Nesta reflexão, na linha de Norberto Bobbio e porque a História não recomeça "ex novo" a cada dez anos, vali-me dos "temas recorrentes" das "lições dos clássicos". Neste sentido, registro que, como professor de Filosofia do Direito, segui a minha propensão de ver, à maneira de Martin Wight e Hedley Bull, as relações internacionais também na perspectiva da filosofia política. Assim, procurei identificar a pertinência das leituras maquiavélico-hobbesianas, grocianas e kantianas da realidade internacional nos tabuleiros diplomáticos dos três campos nos quais atuei. Na minha reflexão, fui confirmando e refinando, com base na experiência, a minha percepção anterior sobre a complexidade e o pluralismo ontológico da vida internacional.

Com efeito, existem afinidades entre o campo estratégico-militar e a tradição do "realismo do poder" inspirada em Maquiavel e Hobbes. Elos ocorrem também entre o campo econômico e a tradição que remonta a Grócio. Esta identifica na sociedade internacional um ingrediente positivo de sociabilidade que permite lidar, através do Direito e das organizações internacionais, com o conflito e a cooperação entre os Estados e desta maneira reduzir o ímpeto da "política do poder". Finalmente, não se devem desconsiderar os pontos em comum entre o campo dos valores e uma leitura kantiana da realidade internacional que abre espaço para uma "razão abrangente" da humanidade. No entanto, essas afinidades são esquivas. Os três campos são interdependentes; influenciam-se reciprocamente e comportam simultaneamente componentes das três leituras, com maior ou menor ênfase nesta ou naquela, dependendo da estrutura mutável do sistema internacional e das distintas conjunturas.

Por esse motivo de ordem epistemológica, o juízo sobre a realidade internacional não é do tipo determinante que permite subsumir sem maiores problemas, cada um dos três campos ao paradigma da análise com o qual têm, em princípio, maiores afinidades eletivas. Em síntese, os "universais" dessas três tradições clássicas são fugidios e não se aplicam sem uma mediação analítica, lastreada nos fatos concretos. É por esta razão que considero que o juízo diplomático, indispensável para a ação da política externa, é um juízo reflexivo, ou seja, para recorrer a Kant na interpretação de Hannah Arendt, um juízo que extrai, discernindo, a sua validade geral das particularidades das situações e das conjunturas.

A boa praxe do Itamaraty impõe ao embaixador fazer um relatório de gestão ao término de sua Missão diplomática. As circunstâncias do término da minha gestão em Genebra — o convite do presidente Fernando Henrique Cardoso no final de dezembro de 1998 para assumir, em 1° de janeiro de 1999, o Ministério do Desenvolvimento, da Indústria e do Comércio — não me deram o tempo necessário para elaborá-lo. Este livro é, assim, à sua maneira, um relatório de gestão. Reúne, distribuídos em três partes, textos elaborados durante o meu período em Genebra, nos quais, por "aproximações sucessivas", procurei pensar, a partir de uma perspectiva brasileira, os problemas do relacionamento entre os campos e as leituras acima mencionadas, formulando, neste processo, juízos diplomáticos.

Na primeira parte trato da OMC, que ocupou boa parte de minha atuação em Genebra dada a sua importância prioritária na agenda diplomática brasileira e que, por isso mesmo, já foi o tema de outro livro meu publicado no ano passado (*A OMC e a regulamentação do comércio internacional: uma visão brasileira*, Porto Alegre, Livraria do Advogado Editora, 1998). Compõe-se de cinco textos. O primeiro é um estudo que condensa a minha reflexão sobre o significado e o alcance da OMC, por ocasião do cinqüentenário do GATT, ocorrido no ano passado. O segundo e o terceiro, também de 1998, cuidam, respectivamente, da importância das regras de origem e do papel do mecanismo periódico da revisão das políticas comerciais dos membros da OMC. Explicitam por que a OMC é um *locus* no qual por força dos interesses se articula uma "diplomacia do concreto" para a qual, devo registrar, muito me valeu a minha prévia experiência empresarial que sempre conjuguei com as minhas atividades universitárias. O quarto e o quinto são discursos proferidos, um em 1997 e outro em 1998, por ocasião, respectivamente, do término da minha presidência do Órgão de Soluções de Controvérsias e do Conselho Geral da OMC. O de 1997 integra o meu livro sobre a OMC. Achei oportuno reproduzi-lo ao lado do de 1998 pois os dois são exemplos de um tipo de discurso diplomático: o conceitual, para valer-me da classificação proposta por Warren Christopher.

A segunda parte cuida do desarmamento. Compõe-se de dois textos. O primeiro, de 1997, examina por que o fim da Guerra Fria não ensejou os almejados "dividendos da paz", ou seja, o encaminhamento para fins de desenvolvimento dos recursos despendidos na corrida armamentista na lógica da dissuasão nuclear que caracterizava a bipolaridade. O segundo, de 1998, é uma análise das novas dimensões do desarmamento e do controle das armas de destruição em massa, tendo em vista, no contexto estratégico-político do final da década de 90, as atuais posições diplomáticas do Brasil. Os dois têm o lastro subjacente da minha experiência nas negociações da Conferência do Desarmamento.

A terceira parte cuida dos direitos humanos. É integrada por dois textos. O primeiro, de 1995, foi elaborado no início da minha Missão em Genebra, por ocasião da celebração, na USP, do cinqüentenário da ONU. É uma análise sobre o papel que vem desempenhando a ONU, como um *tertius* institucional *inter-partes*, para legitimar e inserir o tema dos direitos humanos na agenda internacional e na agenda interna dos países. O segundo, de 1998, discute, por ocasião do cinqüentenário da Declaração Universal, tanto as resistências quanto o que se vem alcançando em matéria de realizabilidade da tutela dos direitos humanos no plano internacional neste limiar do século XXI. Em ambos, as convicções e a reflexão se viram complementadas pela sensibilidade haurida no trato diplomático do tema no âmbito da ONU.

Em Genebra pude contar com uma excelente equipe de diplomatas e funcionários que me ajudaram, de maneira fundamental, a conduzir as tarefas da Missão. A todos agradeço com amizade e alto apreço profissional. Quero destacar o diálogo construtivo em torno dos textos sobre a OMC, incluídos neste livro, que tive com Carlos da Rocha Paranhos, Fernando de Mello Barreto, Victor Prado, Pedro Miguel da Costa e Silva e com a economista Vera Thorstensen. Nos textos sobre desarmamento é com muito gosto que realço a colaboração de Carlos Sérgio Sobral Duarte e nos sobre direitos humanos a de Antonio Salgado, sublinhando, igualmente, a importância das discussões nesta matéria com o embaixador Gilberto V. Sabóia, que foi o representante-alterno durante a maior parte da minha ação em Genebra. Com o embaixador Gilberto V. Sabóia construí uma parceria perfeita e permito-me observar que a combinação rara que o caracteriza, de convicção ética e habilidades diplomáticas, dele fazem um exemplo de como se deve conduzir a diplomacia dos direitos humanos. Finalmente, agradeço a amizade e o apoio recebido, durante a minha Missão em Genebra, de José de Freitas Castro e Cecília Perlingeiro Leuenberger.

*Celso Lafer*

*Brasília, maio de 1999*

OMC

# O Impacto de um Mundo em Transformação no Direito Internacional Econômico:

## reflexões sobre a OMC no cinqüentenário do sistema multilateral de comércio

### I

O presente trabalho examina o *impacto de um mundo em transformação no Direito Internacional*. Seus termos de referência são mais precisamente o Direito Internacional Econômico e neste, especificamente, o significado da Organização Mundial do Comércio (OMC), no horizonte do cinqüentenário do sistema multilateral do comércio, inaugurado em 1948 com o GATT. Apóia-se na minha experiência como representante do Brasil em Genebra — função que me permite, como professor, realçar a originalidade teórica e interesse prático dessa organização na dinâmica de funcionamento do sistema internacional contemporâneo.

À guisa de introdução, buscaria discutir a distinção entre o "velho" e o "novo" e analisar brevemente o que constitui Direito Internacional Público clássico, elaborado com a consolidação, na Europa, do Estado moderno. A meu ver, este deriva da lógica de paz de Vestfália (1648) que afirmou a coexistência, no mundo, de Estados independentes. Caracteriza-se por *normas de mútua abstenção* que têm como função salvaguardar, através do recíproco reconhecimento no âmbito do sistema internacional, a plenitude das múltiplas soberanias. Daí, *inter alia*, o princípio da não-intervenção criado em função das guerras religiosas entre católicos e protestantes, que levou precisamente à Paz de Vestfalia.

Essa visão do Direito Internacional Público significa, no plano interno, tutelar a unidade e a independência do poder estatal; assegurar a estatização da produção jurídica e fazer do Direito positivo — posto ou reconhecido pelo Estado — um instrumento de gestão da sociedade no espaço de um território determinado. Em síntese, significa estabelecer juridicamente uma fronteira que separa com nitidez o "interno" do "externo".

A característica do "novo" Direito Internacional Público, que começa a surgir a partir do século XIX, como lembra Wolfgang Friedmann, é, em contraste, o gradual aparecimento de *normas de mútua colaboração*. Estas provêm das exigências de cooperação entre os Estados, as quais, por seu turno, constituem uma conseqüência da distância que começa a aflorar entre o pressuposto da plenitude irrestrita da "soberania jurídica" e as possibilidades mais circunscritas da "soberania operacional".

São as realidades da interdependência dos Estados que levam à diluição das fronteiras e amainam a diferença entre o "interno" e o "externo" — sob o impacto psicológico e material da comunicação, do transporte, da indústria moderna e do comércio. Exemplos desses impactos foram as grandes obras públicas, na Europa, tais como canais e estradas de ferro; a criação da Comissão Internacional (1856) para supervisionar a navegação do rio Danúbio; a criação da União Telegráfica Internacional em 1865 e da União Postal Internacional em 1874, ambas voltadas a administrar o aumento de correspondência internacional.

A propósito da interdependência e de seus fatores, acima mencionados, no século XIX, cabe ressaltar, evocando Raymond Aron para introduzir o tema desta exposição e as realidades contemporâneas, que as máquinas e a técnica não fazem a História, mas sem dúvida modificam as condições a partir das quais os homens a fazem. No período após a Segunda Guerra Mundial, houve significativa aceleração da inovação tecnológica com grande impacto na vida econômica. Em primeiro lugar, com a redução do custo dos transportes e das comunicações, as fronteiras deixaram de ser "barreiras naturais" e foi diminuindo a porcentagem da atividade econômica conduzida exclusivamente dentro de fronteiras nacionais e baseada, apenas quando necessário, na importação de matérias-primas. Em segundo lugar, os avanços em computação e na tecnologia da informação permitiram desagregar a produção e a oferta de bens e serviços em escala planetária, ensejando o *out-sourcing* como uma prática econômica rotineira. Finalmente, o desenvolvimento da tecnologia digital e o aprimoramento das redes de comunicação tendem a criar, como aponta Renato Ruggiero, diretor-geral da OMC, a possibilidade de uma economia sem fronteiras em certos setores. A Internet que assinala a inexistência de limites territoriais na transmissão de informação, é um símbolo dessa possibilidade.

Como se lidou, historicamente, com estes dados técnicos aluvionalmente diluidores das fronteiras e que, em princípio, tendem a comprometer a plenitude das soberanias e delimitar a "soberania operacional"? Em outras palavras, como se tratou, no plano político e jurídico, dessas novas realidades?

## II

O período que se seguiu à Segunda Guerra Mundial, em função da destrutividade do conflito bélico e da avaliação de suas causas, ensejou uma ampliação do

Direito Internacional de Cooperação, tal como previsto no artigo 55 da Carta das Nações Unidas. No campo econômico, cabe dar destaque à criação das instituições de Bretton Woods — o Fundo Monetário Internacional (FMI) e o Banco Mundial, que criaram uma moldura de cooperação que favoreceu a expansão dos fluxos de capital, dos financiamentos e dos investimentos.

No pós-guerra contemplava-se, além do FMI e do Banco Mundial, uma terceira entidade, a International Trade Organization (ITO). No entanto, não entrou em vigor a Carta de Havana em que se negociou a sua criação. Tinha esse instrumento, como objetivo, superar a autarquia e o protecionismo que resultaram da crise de 1929 e que nos anos 30 tiveram impacto nas tensões políticas contribuindo assim para a eclosão da Segunda Guerra Mundial.

Esta moldura jurídica, composta das Nações Unidas e das instituições de Bretton Woods, voltada para a cooperação, inseriu-se num sistema internacional, politicamente caracterizado por polaridades definidas — Leste/Oeste, e nas suas brechas Norte/Sul. As polaridades definidas tiveram evidentes implicações *no campo estratégico-militar* — é o tema da dissuasão nuclear e do equilíbrio do terror. *No campo dos valores*, diferentes concepções do Leste, do Oeste e do Sul de como organizar a vida em sociedade instigaram a batalha ideológica. Tiveram implicações também *no campo econômico* pois a incidência da dimensão estratégico-militar e dos valores delimitou os modos de conceber e efetivar a gestão da economia, tanto no plano interno dos Estados quanto no plano de cooperação internacional.

Daí a presença na vida internacional não apenas de *conflitos de interesses* mas também de *conflitos de concepção*. Conflitos de concepção induziram à heterogeneidade axiológica das distintas visões a respeito de como promover interesses comuns através de normas de mútua colaboração. Estes conflitos se espelharam nas definições do Direito Internacional Econômico.

Na *visão do Leste*, ou seja, da URSS, o ator essencial na vida econômica era o Estado. Direito Econômico era assim o direito do planejamento estatal. No plano internacional, por isso mesmo, as normas de mútua colaboração refletiam comércio administrado entre Estados, através de metas quantitativas preestabelecidas. Era o que ocorria no Comecon.

Na *visão do Sul*, buscava-se a harmonização da ação do Estado com o funcionamento do mercado, com o objetivo de promover o desenvolvimento. Direito Econômico seria assim o conjunto de normas voltadas para estruturar a cooperação entre o governo e o setor privado, numa "economia mista". No plano internacional essa visão correspondia *a normas de mútua colaboração* concebidas também para lidar com as desigualdades e com as "falhas do mercado". Exemplos dessa visão foram os acordos intergovernamentais de produtos primários, tais como o relativo ao café, que tratavam dos termos de troca, da disciplina de oferta inclusive por meio do acionamento de quotas e da garantia de abastecimento para o consumo. Outros exemplos foram a criação da Conferência das Nações Unidas para o Comércio e o Desenvolvimento (CNUCED, conhecida por sua sigla em inglês, UNCTAD) e a "idéia-força" de um Direito Internacional do Desenvolvimento. Entre os instrumentos deste direito cabe mencionar o regime do sistema geral de preferências, concebido para superar problemas de acesso a mercados por meio de um tratamento especial e diferenciado dado aos países em desenvolvimento. Cabe igualmente realçar a reivindicação de "negociações globais", voltadas para a criação de uma "nova ordem econômica internacional".

Nestas duas visões, e sobretudo na segunda, tinha-se uma percepção instrumental do mercado, apto a viabilizar fins políticos. Esta percepção era compatível com a soberania, incumbida da produção de normas, e com o Direito como instrumento de gestão da sociedade, e capaz, assim, de exercer uma *política econômica*.

Já na *visão do Oeste*, os atores básicos da vida econômica são as pessoas físicas e jurídicas atuantes no mercado. Este é concebido como tendo uma lógica própria, produtora de normas, da qual o exemplo clássico é a *lex mercatoria*, origem do Direito Comercial, como ramo distinto do Direito Civil, e o exemplo contemporâneo é a nova *lex mercatoria*, ou seja, o *droit des affaires*. Nessa visão, na economia a soberania se exerce pelo consumidor e não pelo Estado, pois deveria existir uma autonomia do mercado em relação ao poder político. Seu principal paradigma no plano internacional foi o Acordo Geral sobre Tarifas e Comércio — GATT, subproduto da malograda ITO. Com o patrocínio expressivo dos EUA, o GATT criou uma moldura interestatal para a promoção do *droit des affaires*, por meio da expansão do mercado através do livre-comércio. Isto ocorreu por meio de sucessivas desgravações tarifárias, obtidas nas primeiras *Rodadas* de negociações multilaterais de comércio do GATT. Com a Rodada Tóquio, na década de 70, iniciaram-se tentativas de eliminar também *barreiras não-tarifárias*, fruto da *política econômica das soberanias nacionais*. Assim, na Rodada Tóquio buscaram-se acordos sobre barreiras técnicas ao comércio, subsídios, *standards* técnicos, valoração aduaneira, licença de importação, *anti-dumping*, etc. A Rodada Tóquio não teve uma aceitação generalizada mas seletiva das partes contratantes do GATT. A não-abrangência e fragmentação do sistema realçado pela Rodada Tóquio deu ao GATT no final da década de 70 a característica de um Direito Internacional Econômico *à la carte*, para utilizar a metáfora cunhada por Pettersmann.

## III

A queda do Muro de Berlim, o desaparecimento da URSS e o fim do conflito Leste/Oeste trouxeram uma mudança do paradigma de funcionamento do sistema internacional. Propiciaram a criação de novo quadro político, com impacto no Direito, pois com a transformação do paradigma, esses eventos levaram a um mundo de *polaridades indefinidas*. Este está sendo trabalhado, simultaneamente, pelas *forças centrípetas de globalização* e pelas *forças centrífugas de fragmentação*. Ambas operam em múltiplas instâncias e foros e abrangem o campo estratégico militar, o de valores e o econômico.

Uma das conseqüências da *dessuetude* de um sistema internacional de polaridades definidas é a diluição axiológica dos *conflitos de concepção*, que o caracterizava também no campo econômico. Daí a aceitação, mais ou menos generalizada, de que o que existe em matéria econômica, hoje, são *conflitos de interesse*, que basicamente giram em torno de uma avaliação do que a economia de um país está ou pode, no futuro, estar ganhando ou perdendo numa dada situação de mercado.

Em conseqüência, os Estados, no exercício de uma função regulatória, se percebem e atuam — com forte presença dos atores transnacionais — como instância de intermediação interna e externa destes conflitos de interesse. Essa intermediação tem, de Estado para Estado, características distintas que resultam da identidade própria, proveniente das especificidades dos países que evidentemente não desapareceram num mundo globalizado. Entre elas estão os dados da localização geográfica, a experiência histórica, o código da língua e da cultura, o nível de desenvolvimento econômico, a disponibilidade de recursos naturais, o grau de capacitação científica e tecnológica e os indicadores de estratificação social.

Neste contexto, o papel da "soberania operacional" num mundo interdependente está muito vinculado, quando da criação e aplicação de normas de mútua colaboração, ao processo diplomático de lidar com a diferença configuradora dos distintos interesses e conseqüentes visões que, no pluralismo do mundo, dão a perspectiva organizadora e a latitude da inserção internacional de um país.

Este novo macrocontexto permitiu a conclusão da Rodada Uruguai e a criação da OMC que, no plano internacional, consolidou uma visão "GATT Plus" do

Direito Internacional Econômico, cuja abrangência erodiu, quase completamente, a incidência de outras visões alternativas. Para isso contribuiu decisivamente a percepção generalizada pós-Guerra Fria de que numa economia globalizada não há desenvolvimento possível em isolamento autárquico.

Abro um parêntese para observar que, no Brasil, isto foi ficando claro com a crise dos anos 80 que evidenciou o esgotamento do modelo de substituição de importações e trouxe na década de 90 uma reformulação da agenda nacional, que passou a contemplar a liberalização comercial. Neste contexto, a oferta de produtos estrangeiros no mercado nacional foi uma conjuntura que muito contribuiu para o sucesso do Plano Real. Com efeito, este grande plano de estabilização econômica superou as inoperâncias do tabelamento de planos anteriores — como por exemplo aquele vigente durante o Plano Cruzado — pois, quando o efeito redistributivo do fim do "imposto inflacionário" trouxe aumento do consumo, o abastecimento foi assegurado pelas importações. Este dado positivo, perante a opinião pública nacional, sobre a liberalização comercial por ocasião do fecho das negociações da Rodada Uruguai, se via associado a uma reflexão substantiva do governo brasileiro, de prazo mais longo. Ao se inserir no mercado internacional, o Brasil — como pequeno *global trader* que não é um *global player* — nutre, à luz de sua experiência, receio do unilateralismo comercial dos grandes. Tem por isso mesmo interesse em normas garantidoras do acesso a mercados, objetivo que somente pode ser atingido com o fortalecimento de regras multilaterais de comércio.

O conjunto de fatores acima mencionados — a diluição dos conflitos de concepção; a inviabilidade do desenvolvimento em isolamento; a segurança do multilateralismo; novas oportunidades de acesso a mercados — explica, a meu ver, por que surgiu a OMC e como constitui a primeira organização internacional, de vocação universal, pós-Guerra Fria. É certo que deriva do GATT, mas foi muito além dele, tanto *ratione materiae* quanto *ratione personae*.

*Ratione materiae* pois, além de bens, a OMC trata de serviços, propriedade intelectual, medidas de investimento relacionadas ao comércio (TRIMS), agricultura, têxteis, etc. Por isso tem personalidade própria no âmbito do Direito Internacional Público, o que não era o caso do GATT. Exprime assim juridicamente uma interdependência aprofundada que, normativamente, vai muito além da medida da fronteira — a tarifa. Lida com as "barreiras não-tarifárias" fruto das políticas econômicas das soberanias nacionais e busca responder num sistema regido por normas às inovações tecnológicas antes mencionadas, que corroem a distinção entre o "interno" e o "externo". O professor John Jackson utiliza uma metáfora apropriada ao dizer que a OMC constitui um mecanismo de *interface* que permite a operação conjunta no plano mundial de computadores de tipos diferentes que são as economias nacionais.

*Ratione personae*, em contraste com o GATT, que era um "clube" que foi se ampliando, a OMC é uma organização com vocação de universalidade. Tem hoje 132 membros e estão em andamento cerca de trinta processos de acessão — entre eles o da China e o da Rússia. O interesse generalizado em aceder à OMC é uma demonstração da diluição dos conflitos de concepção e da abrangência da visão do Direito Internacional Econômico, chancelada pela Rodada Uruguai.

É interessante notar também que a OMC — como uma instituição e não uma simples relação contratual como foi o GATT — dispõe tanto de *normas de comportamento*, quanto de *normas de organização*. Estas conduzem juridicamente à convergência dos Estados para a promoção de interesses comuns. Além do mais, por força da noção de *single undertaking*, a OMC adquiriu a *unidade* de um *ordenamento jurídico*. Superou-se, deste modo, a fragmentação da Rodada Tóquio — o GATT *à la carte*, que exprimia também a presença e a vigência, no mundo de polaridades definidas, de modelos alternativos de cooperação econômica, provenientes dos conflitos de concepção.

As normas de comportamento e de organização da OMC são fundamentais para a efetividade do seu modelo jurídico de cooperação econômica posto que o mercado não opera no vazio, ou seja, não é um arranjo espontâneo. Requer a *rule of law* que tutela a "segurança das expectativas" e enseja o cálculo econômico racional e a difusão das informações através dos preços.

A OMC, como sistema multilateral regido por normas, tem por *objetivo* promover interesses comuns através da expansão da produção e comércio de bens e serviços. Considera-se esta expansão um bem público internacional, não só pelo benefício potencial que traz para a economia, como também pela relação positiva entre comércio e paz de que Kant falava em seu "Projeto de Paz Perpétua". A propósito da relação entre paz e comércio, não foi por acaso que o desenvolvimento econômico ocorrido na Ásia só se tornou possível uma vez findas as guerras da Coréia e do Vietnã, que por sua vez estavam ligadas à lógica política de um mundo de polaridades definidas.

Uma característica essencial das normas da OMC é a de que para lidar com uma economia globalizada, diluidora de fronteiras, elas vão muito além da redução de tarifas. Para promover interesses comuns e administrar a interdependência, circunscrevem a competência discricionária das soberanias nacionais para conduzir políticas econômicas que antes eram consideradas domínio reservado dos Estados. Assim, por exemplo, além de disciplinas harmonizadoras das políticas de defesa comercial, o acordo de TRIMS (*trade-related investment measures*) proíbe que seus membros exijam de investidores percentuais obrigatórios de componentes nacionais ou se comprometam a desempenho da exportação. Estas medidas, no caso do Brasil, eram parte constitutiva das políticas econômicas do modelo de substituição de importações do qual os contratos Befiex são um paradigma.

A OMC distingue-se das organizações de Bretton Woods — o FMI ou o Banco Mundial — que basicamente foram concebidos para administrar recursos além de terem funções regulatórias. Como apontou Peter Sutherland — o diretor-geral do GATT que levou a bom termo a Rodada Uruguai — o ativo da OMC não são os seus recursos mas as suas normas. Daí a importância da credibilidade *erga omnes* destas normas, sua aceitação e observância. Este tema é hoje dos mais significativos para a legitimação da OMC por conta das críticas ao processo de globalização, do seu potencial efeito marginalizante em relação aos países em desenvolvimento e do seu impacto sobre a taxa de emprego, vinculado aos requisitos de competitividade e à inovação tecnológica. Também na avaliação destes aspectos operam as forças centrífugas e a lógica da fragmentação desencadeadas na seqüência do pós-Guerra Fria. Nesse contexto, cabe ressaltar que um dos ingredientes críticos do aprofundamento do processo de globalização administrado pela OMC passa por uma diplomacia da opinião pública, pois sem o apoio desta, em escala mundial, não haverá sustentabilidade política para a liberalização comercial.

O novo Direito Internacional Econômico da OMC requer, conseqüentemente, promoção das normas de mútua colaboração negociadas na Rodada Uruguai. Essa promoção no âmbito da organização encontra-se ligada às técnicas de administrar os riscos envolvidos num tratado internacional voltado para patrocinar a interdependência dos interesses comuns de suas partes contratantes. Estas técnicas são *confidence-building measures*, cujo objetivo e função é manter a confiança mútua, ingrediente crítico para a sustentabilidade política da liberalização comercial acima mencionada.

Nesta exposição vou discutir três vertentes destas técnicas que permeiam o funcionamento da OMC e caracterizam a sua originalidade no cenário internacional: (i) o princípio da transparência, (ii) o sistema de solução de controvérsias e (iii) a natureza consensual do processo decisório que a diferencia das instituições de Bretton Woods.

IV

O *princípio da transparência* constitui uma "obrigação de comportamento" por parte de seus membros que estão sujeitos à obrigação geral de notificar. Trata-se de obrigação já reconhecida pelo GATT (art. X) que foi reforçada pela "Decisão sobre Procedimentos de Notificação" da Rodada Uruguai. Esse princípio fundamenta os exercícios periódicos de Revisão de Política Comercial (Trade Policy Review — TPR), aos quais se submetem todos os membros da OMC. Estes representam uma forma de diplomacia aberta. São uma extensão para o campo das políticas econômicas do princípio da publicidade dos tratados, proposto por Woodrow Wilson, e indicam a interação entre o "interno" e o "externo" diluidora da distinção entre ambos, que caracteriza o novo Direito Internacional Público Econômico.

O princípio da transparência contribui para uma maior "segurança das expectativas". Exprime o que Kant chamou de "qualidade formal da publicidade como a fórmula transcendental do Direito Público", pois a transparência torna público, tanto o comum quanto o visível, o que é um dos pressupostos da democracia, como ensina Bobbio. Esse ingrediente contribui para a democratização da ordem econômica internacional pelo que traz de domesticação do poder através da diminuição do "segredo", que sempre facilita o unilateralismo da "razão-de-Estado". Justifica-se economicamente, uma vez que as normas de mútua colaboração da OMC têm como lastro a racionalidade e a funcionalidade da reciprocidade dos interesses num mercado global. Esta racionalidade e funcionalidade só podem ser percebidas e julgadas se forem visíveis através da publicidade contemplada pelo princípio da transparência. Por este motivo, é uma indispensável *confidence building measure*, inerente à dinâmica do funcionamento da OMC.

## V

O sistema de *solução de controvérsias* da OMC administra o conflito e a cooperação inerentes à vida no mercado. Este, porque não é uma ordem espontânea mas construída, requer um enquadramento jurídico que é o produto da Rodada Uruguai e foi consolidado pelo princípio de *single undertaking* (empreendimento único). Este, por sua vez, foi globalmente negociado e concebido como um jogo com normas de *fair play*, compartilhadas por todos os membros. Normas comuns no entanto não levam necessariamente a interpretações compartilhadas em comum. Os Estados diferem na sua análise do alcance e da aplicação de normas e buscam, quando lhes cabe proceder unilateralmente ao processo de qualificação jurídica dos fatos, conduzi-lo em função dos seus interesses específicos. O Entendimento sobre Solução de Controvérsia (Dispute Settlement Understanding) — que integra o *single undertaking* — é fundamental para o sucesso do sistema multilateral de comércio concebido pela OMC, pois tem como função evitar o unilateralismo da interpretação e a "auto-ajuda" na aplicação de normas através de represálias e retaliações comerciais. É assim uma *confidence-building measure*, baseada na contribuição que o Direito pode dar, para conter as tendências unilaterais das "razões-de-estado" norteadas exclusivamente pelo poder.

O processo de solução de controvérsias da OMC é o resultado da codificação e desenvolvimento progressivo do sistema do GATT. É um *two-track approach*. Oferece ampla oportunidade para uma solução negociada ao modo da "jurisprudência diplomática" do GATT. Na impossibilidade de uma solução negociada, assegura a qualquer membro um caminho jurídico que é dado pela automaticidade do direito a um *panel* e do direito de um recurso do relatório de um *panel* ao Órgão de Apelação, cabendo observar que a nova regra do consenso invertido tornou legalmente obrigatórios estes *findings* e *recommendations*. O cumprimento da decisão é monitorado multilateralmente pelos membros da OMC por meio da especialização funcional do seu Conselho Geral, que se reúne como Órgão de Solução de Controvérsias, para administrar o Entendimento de Solução de Controvérsias. O não-cumprimento das decisões é sancionável pela suspensão de concessões tarifárias. Estas sanções são disciplinadas por normas e caracterizam-se como sanções típicas do Direito Internacional de Cooperação pois representam a não-participação do membro inadimplente nos benefícios de cooperação.

Como se verifica, o sistema de solução de controvérsias da OMC, enquanto *confidence-building measure*, configura-se como uma "obrigação de resultado", cuja função é tutelar a segurança e a previsibilidade do sistema multilateral de comércio.

O que tornou possível este original adensamento de juridicidade que equivale a uma "jurisdição obrigatória" no plano internacional é, a meu ver, a diluição dos conflitos de concepção, e a aceitação generalizada de que os contenciosos econômicos passíveis de solução no âmbito da OMC representam conflitos de interesse. Por este motivo, comportam um enquadramento no conceito de *nullification and impairment of benefits* do artigo XXIII do GATT, que foi a base da construção do sistema nas negociações da Rodada Uruguai. Daí a viabilidade política da efetiva instauração do *tertius* jurídico, independente das partes, que levou a um sistema de grande criatividade e sucesso no plano internacional que representa um exemplo da contribuição que pode dar o Direito Internacional Público Econômico à gestão de interdependência. Não hesito em afirmar que o sistema da OMC, num curto período, tem tido muito maior abrangência e efetividade do que a Corte Internacional de Justiça no âmbito da ONU.

## VI

O processo decisório da OMC é outra expressão de *confidence-building measures* destinada a manter a credibilidade *erga omnes* de suas normas, sobretudo pelo papel que desempenha na nomogênese jurídica.

Como são então criadas normas na OMC? A OMC e o seu secretariado não têm competência normativa autônoma para impor novas obrigações de política comercial. Nada tem a ver, assim, com o sistema da Comunidade Européia, e com o papel da sua Comissão, pois a OMC é conduzida pelos seus membros. Por esta razão, a criação de normas da OMC é um produto de negociações abrangentes. É em função disso que a organização, além de ser o *locus* institucional para aplicação, administração e funcionamento do *single-undertaking,* é também um foro de negociação. As negociações, por exemplo dos *unfinished business* da Rodada Uruguai, como as de telecomunicações ou de serviços financeiros concluídas em 1997, são o produto de entendimentos multilaterais a serem incorporados à OMC e incluídas na abrangência do "empreendimento único" em função da decisão coletiva dos membros. Estas negociações obedecem à prática do consenso que caracterizou o GATT e à qual a OMC conferiu preeminência jurídica formal pelo artigo IX:1 do Acordo de Marrakech. Consenso é pois o ingrediente básico das normas de organização da OMC relativas ao processo decisório. Isto significa que, para fins de criação normativa, a efetiva "norma de reconhecimento" — para empregar a terminologia de Hart, do *quid sit juris* no quadro da OMC — é sua aceitação por todos os membros. A função do consenso, enquanto *confidence-building measure,* é a de reduzir o medo de ser vinculado por uma decisão não desejada, contribuindo desta forma para a segurança jurídica de todos os membros da OMC. O consenso, como a obrigação de comportamento, voltada para obter uma efetividade jurídica de resultados, faz da OMC, num sistema internacional hoje caracterizado pela preponderância dos EUA, uma das raras e importantes instâncias multipolares. Daí outro aspecto de sua originalidade no cenário mundial.

Explico-me, reiterando preliminarmente que o contexto político e econômico pós-Guerra Fria levou à diluição dos conflitos de concepção sobre como organizar a vida econômica. Isto significa que os temas em jogo nas negociações são percebidos como conflitos de interesse. Eles oferecem a possibilidade de, simultaneamente, *barganhar* interesses nacionais e *argüir*, no contexto das discussões, interesses gerais abrangentes e sistêmicos em função do que representam para todos como bem público internacional. A OMC como foro institucional para criação de normas abre a possibilidade de um processo que proporciona tanto barganha quanto argumentação.

A idéia de *empreendimento único* reforça tal interação entre *barganha e argumentação*. De fato, para se ter êxito na gestão do processo de globalização do comércio, todos os membros da OMC devem participar da criação e aplicação de normas. Isso exige o lastro do consenso. É por isso que, em contraste com o FMI e o Banco Mundial, não há voto ponderado na OMC. Aliás, dada a dinâmica da economia internacional, seria difícil estabelecer indicadores apropriados para mensurar o peso ponderado dos membros da OMC no mercado mundial, que varia em função dos setores envolvidos.

Na OMC, o estabelecimento do consenso é mais complexo do que era no GATT, que tinha menos membros, uma jurisdição restrita ao comércio de bens manufaturados, e não era um "empreendimento único".

Com efeito, dado o número de membros, a heterogeneidade de seus interesses e também em função do tema a ser discutido (comércio de bens manufaturados ou produtos agrícolas, tipos de serviços — financeiros, de telecomunicações, movimentos de pessoas físicas, propriedade intelectual, etc.), o processo de criação do consenso na OMC começa pela ação de coligações de geometria variável, que vão se expandindo até alcançar a universalidade dos membros.

Essas coligações não são rígidas nem preestabelecidas. Não há "alinhamentos automáticos" na OMC. Por isso, como observei, é um dos raros tabuleiros no cenário internacional contemporâneo no qual existe uma multiplicidade de atores com suficiente peso econômico para alcançar efetivo *locus standi* e participar assim do jogo diplomático multilateral, integrando essas coligações em função da variedade e especificidade dos seus interesses. Muitas e relevantes iniciativas têm origem no chamado QUAD — grupo composto dos Estados Unidos, União Européia, Japão e Canadá, todos com indiscutível peso no comércio internacional, mas com interesses parcialmente convergentes e parcialmente divergentes — o que dá espaço para negociação dos interesses dos demais. Em temas agrícolas, qualquer coligação exige a participação do Grupo de

Cairns, um agrupamento heterogêneo que inclui o Brasil e foi decisivo na Rodada Uruguai, indicando o potencial da geração de poder de ação conjunta na diplomacia multilateral. O grupo apresenta uma diversidade inovativa, pois inclui países desenvolvidos e em desenvolvimento engajados na liberalização comercial de produtos agrícolas. A Austrália e a Argentina são membros muito ativos. Em questões relativas ao comércio de têxteis — um tema que a OMC está gradualmente incorporando —, a participação de certos membros asiáticos, tais como Hong Kong e Paquistão, é indispensável. Os grupos regionais estão presentes na OMC. Não atuam, no entanto, como nas Nações Unidas, na busca de um mínimo denominador comum, que naquele foro é freqüentemente a base do processo decisório que opera assim, tendo como critério um piso e não um teto. Na OMC, os membros buscam o máximo denominador comum, ou seja, um teto cujo limite é o próprio consenso. É de se notar que a formação de qualquer coligação relevante inclui normalmente países de mercado de grandes dimensões como o Brasil e a Índia.

Essas coligações de geometria variável tratam de temas tais como a velocidade e o ritmo da liberalização e a clivagem entre os temas novos e velhos. Essas coligações existem num contexto multilateral que articula a heterogeneidade de interesses e as assimetrias de poder entre membros da OMC com capacidade para levar adiante iniciativas para criação de normas. Em conjunto, essa heterogeneidade, que abre espaço para um sistema com características multipolares como enfatizei, oferece novas oportunidades e desafios para o processo decisório da OMC. É, por assim dizer, no momento, não a democracia desejável mas a democracia possível no cenário mundial. O êxito da OMC, como democracia do possível, exige no entanto confiança, que por sua vez envolve transparência e participação como ingredientes indispensáveis para o sucesso de uma diplomacia de cooperação econômica.

Para arrematar esta análise do papel do consenso na diplomacia de cooperação econômica da OMC, concluiria recorrendo às categorias de saída, voz e lealdade, tais como formuladas e desenvolvidas por Albert O. Hirschman, para discutir como instituições respondem ao desafio da mudança. *Saída* expressa, metaforicamente, o potencial dos mecanismos de mercado para escolher entre alternativas de que são exemplos a fuga dos consumidores de um produto para outro; a mudança de emprego de uma empresa para outra; a troca de partidos — todas maneiras de expressar insatisfação e descontentamento, quando a hipótese de retirada de uma instituição é viável. Não é num mundo globalizado o caso da OMC. *Voz* representa o papel que desempenham os mecanismos de articulação política na promoção de pontos de vista relativos à mudança e ajuste dentro da instituição. Finalmente, *lealdade,* dependendo em grande parte de sua intensidade, determina a extensão da *voz* e estabelece os limites da *saída*. A *lealdade* em relação à OMC, trazida por um "empreendimento único" consensual negociado durante a Rodada Uruguai, contribui para excluir a possibilidade de *saída* e amplia a *voz*, mas condiciona seu funcionamento à reciprocidade de interesses abrangentes de todos na continuidade do trabalho da OMC. É por isso que a regra do consenso tem sido usada com prudência e sem bloqueios obstrucionistas pelos membros.

Explico-me através de uma comparação: em outros organismos internacionais, tais como o Conselho de Segurança das Nações Unidas ou a Conferência do Desarmamento, que trata de temas de segurança e cujo limite é a paz ou a guerra, o recurso obstrucionista ao veto é considerado legítimo e ocorre com freqüência porque, teoricamente, a sobrevivência do Estado como unidade independente pode estar em jogo. A OMC, como uma expressão de Direito Internacional de cooperação no campo econômico e um foro de negociação de interesse geral, não opera sob a mesma presunção. *Sua premissa é operar dentro e não fora do sistema.* O consenso é a contrapartida dessa premissa na OMC, como foro negociador de um Direito

Internacional de cooperação. Essa é a razão pela qual as normas da OMC não podem ser impostas por meio de um *pactum subjectionis*. Todos os membros da OMC criam e estabelecem regras por meio de um *pactum societatis* que assegura uma efetiva dimensão de aceitação generalizada.

Essas regras são, para citar Grócio, uma mistura de *do ut des, facio ut facias, facio ut des* de "barganha" por "interesses nacionais" com a "argumentação" relativa à *comunionem adferunt*, da promoção de interesse comum através de normas de cooperação mútua.

## VII

Em síntese, diria, para concluir esta análise sobre as *confidence-building measures* examinadas — o princípio da transparência, o sistema de solução de controvérsias e o consenso como base do processo decisório — que elas confirmam, para recorrer à "lição dos clássicos", uma leitura grociana da OMC. Esta é compartilhada pelos seus membros, que não operam na organização com base numa leitura maquiavélico-hobbesiana da vida econômica internacional. Existe conflito mas dentro de uma moldura de cooperação que abre espaço para a sociabilidade da promoção de interesses comuns através de normas de mútua colaboração. Daí uma interação organizada e não anárquica dos setores da economia mundial regidos pelas disciplinas da OMC. Esta interação tem como pressuposto a idéia de que o jogo no mercado não é de soma-zero, sendo ao mesmo tempo, como aponta Simmel, — e para concluir numa nota realista e sem ingenuidade — uma guerra de todos a favor de todos, e de todos contra todos.

*Genebra, janeiro de 1998*

# As Exportações Brasileiras e a "Nacionalidade" dos Produtos

## sobre a importância das regras de origem

Os menos familiarizados com questões de comércio exterior poderão se perguntar qual o interesse em determinar a "nacionalidade" de um produto, exercício ora em curso na Organização Mundial do Comércio (OMC) sob o título de "harmonização de regras de origem".

Que conseqüência prática esse exercício, aparentemente técnico, terá para as exportações ou importações brasileiras? Que importância terá, por exemplo, saber se um terno confeccionado no interior de São Paulo, com tecido importado da Ásia, é brasileiro ou não? Se café importado do Brasil e torrado na Europa pode ser vendido como europeu? Qual a relevância do grau de componentes que confere "nacionalidade" a uma máquina ou a um veículo? O refino do açúcar em outro país confere ao produto final sua "origem"?

As respostas a perguntas desse tipo podem afetar o acesso de nossos produtos a outros mercados, pois as regras de origem são aplicadas na determinação de quem se beneficia de uma quota tarifária, na identificação dos produtos de países sujeitos a direitos anti-*dumping* e anti-subsídios, em compras governamentais e na determinação alfandegária de fraudes, entre outras medidas com efeitos sobre o comércio internacional. A regra de origem também afeta a eficácia das medidas de defesa comercial utilizadas pelo Brasil. Tem impacto, portanto, também sobre nossas importações.

Não se trata, pois, de tema de interesse apenas para técnicos em classificação de produtos. Como tenho procurado ressaltar, em função de minha experiência em Genebra, é cada vez mais relevante para o comércio internacional o conhecimento das normas técnicas, que se configuram freqüentemente como "barreiras não-tarifárias". Por isso, lidar com essas normas é fundamental para a nossa inserção internacional, pois elas exprimem as exigências e as realidades da economia globalizada da década de 90. Daí a importância de discuti-las.

Há cinqüenta anos, quando o GATT iniciou as suas atividades, o foco inicial era o de expandir o comércio mundial através de desgravações tarifárias. Daí as sucessivas rodadas de negociação que foram, no correr dos anos, diminuindo as tarifas entre as partes contratantes.

Nesse contexto, a preocupação com regras de origem não teve prioridade. Estabeleceu-se, assim, que era da competência de cada país-membro importador determinar, de acordo com seus dispositivos legais, para os fins de aplicação da cláusula da nação mais favorecida, se um bem de fato tem origem em um país em particular.

Esta decisão do Comitê Preparatório que negociou o GATT fundamentava-se no fato de que, naquela época, com os altos custos dos transportes e das comunicações, e as características de produção, a porcentagem de atividade econômica conduzida exclusivamente dentro das fronteiras nacionais era muito expressiva. Com efeito, o usual era os países importarem as matérias-primas de que necessitavam ou exportarem as de que dispunham. Daí, na divisão internacional do comércio, uma ativa participação dos países em desenvolvimento na exportação de matérias-primas e uma atuação significativa dos países desenvolvidos nas transações internacionais de produtos manufaturados. Nessas condições, os princípios básicos aplicados a regras de origem — a importância do valor agregado e do processo produtivo, ou a mudança de classificação tarifária — eram de fácil aplicação e podiam, sem maiores problemas para o comércio internacional, ser objeto de decisões nacionais.

No caso do Brasil, o modelo de substituição de importações, ao buscar internalizar as cadeias produtivas — através da integração dos *forward* e *backward linkages*, os elos da cadeia produtiva de que falava Albert O. Hirschman ao discutir o desenvolvimento econômico da época —, a questão dos certificados de origem estava plenamente coberta pelos princípios básicos acima mencionados.

Com a conclusão da Rodada Tóquio, em 1979, o GATT entrou em nova fase de seus trabalhos, na qual o objetivo, além da desgravação tarifária, passou a ser impedir a proliferação das chamadas "barreiras não-tarifárias" sob a forma de instrumentos de política comercial, como as próprias regras de origem, que anulassem os avanços decorrentes dos cortes tarifários.

Daí o interesse crescente pela questão das regras de origem na década de 80, que se expressou na Rodada Uruguai e levou ao Acordo sobre Regras de Origem. Este Acordo integra o conjunto de disciplinas — o *single undertaking* — que fazem parte da jurisdição da OMC que, com nova amplitude de competências e com vocação de universalidade, substituiu o GATT.

Qual a razão de ser deste Acordo que circunscreve as competências nacionais através de normas internacionais?

A velocidade da inovação tecnológica vem reduzindo significativamente os custos de transportes e de comunicações e os avanços extraordinários nas áreas de computação e de tecnologia de informação permitiram desagregar a produção e obter bens e serviços em escala planetária. Por isso, na década de 90 o *outsourcing* tornou-se uma prática econômica rotineira.

Esta dispersão de etapas e processos produtivos, assim como da fabricação e montagem de peças e componentes (como se observa nos casos das indústrias de máquinas, automóveis e têxteis, e também nos setores agroalimentares), tornou mais complexo aferir o "valor agregado" num determinado país e determinar qual mudança de posição tarifária refletia a transformação substancial de um produto. Além do combate à prática de *circumvention* (reorganização do processo produtivo entre dois países para evitar uma medida de defesa comercial), passou a ser necessário distinguir "montagem" economicamente relevante, de simples "maquilagem".

Assim, a definição independente, por cada país, de suas próprias regras de origem, passou a criar dificuldades no comércio internacional. Foi este fato que levou à necessidade de harmonização das regras existentes. Esta é a lógica subjacente ao Acordo sobre Regras de Origem da OMC.

O acordo é dividido em duas partes. Na primeira, que trata do período de transição, no qual não existem regras de origem multilateralmente acordadas (1995 a 1998), consta uma lista de princípios básicos a serem seguidos pelos membros da OMC, na aplicação de suas regras de origem preferenciais e não-preferenciais. Na segunda consta um programa de trabalho para a definição multilateral de regras de origem não-preferenciais. Abro um parêntese para ressalvar que é destas que estou cuidando neste artigo. As regras de origem preferenciais são uma questão distinta, vinculada à relação, disciplinada pela OMC, entre os acordos regionais e o multilateralismo. Dizem respeito à diferença de tratamento entre membros e não-membros de um acordo regional e são um dos instrumentos mais utilizados na construção jurídica da zona de livre comércio, como é o caso do Nafta.

No que se refere aos princípios básicos a serem observados pelos membros no período de transição, as normas devem ter clareza e especificidade quando baseadas em mudanças de classificação tarifária, em percentuais *ad valorem* ou em métodos de fabricação ou processamento. Os membros da OMC não devem utilizar regras de origem para criar efeitos distorcidos ou restritivos ao comércio, nem regras discriminatórias entre países. Tampouco podem utilizar normas negativas, isto é, afirmar que certos padrões não conferem a origem (*negative standards*).

Uma vez terminado o prazo de transição, deverá ser seguido o princípio de que o país de origem será aquele em que o bem for obtido integralmente ou, no caso de mais de um país envolvido na produção, o país onde ocorreu a última "transformação substancial". A obrigação se restringe a regras de origem não-preferenciais.

O exercício em curso na OMC tem o objetivo de harmonizar regras de origem e, dessa forma, ao ampliar a "segurança das expectativas", favorecer o comércio mundial. Seu término está previsto para meados de julho de 1998.

Conforme estipulado no Acordo, as negociações sobre regras de origem são divididas em dois foros, que trabalham de forma conjunta. Na Organização Mundial de Aduanas, em Bruxelas, o Comitê Técnico de Regras de Origem realiza análise de natureza técnica, com base nas propostas apresentadas pelos países que nele participam (todos os membros da OMC), para determinar o que confere origem a cada um dos produtos contidos no Sistema Harmonizado. Grande parte dos debates, e das discordâncias, surge no momento de definir se um produto sofreu, de fato, uma transformação substancial, ou foi simplesmente objeto de um "processamento mínimo". À medida que vai avançando no seu trabalho, o Comitê de Bruxelas encaminha para o Comitê de Regras de Origem da OMC, em Genebra, dois tipos de regras. Num primeiro grupo, estão todas as regras que foram objeto de consenso em Bruxelas, e cabe à OMC somente confirmar o acordo alcançado. Num segundo grupo, estão todas as regras em relação às quais não houve consenso e para as quais foi esgotada a discussão de natureza técnica, e cabe à OMC chegar a consenso com base em negociações que levem em consideração elementos que vão além dos meramente técnicos, mas que não estão especificados no acordo.

Não deverá causar surpresa que sejam justamente estes temas por resolver aqueles que concentram os aspectos mais problemáticos da negociação de regras de origem, que exprimem as diferenças entre as economias e conseqüentemente o entrechoque de interesses. Entre as regras para o setor agrícola que ainda não foram resolvidas estão, por exemplo, as discussões sobre se processos como a mistura de vinhos, o refino do açúcar, e a torrefação de café conferem origem, ou se a origem do produto é a do país onde as uvas, a cana-de-açúcar e o café foram plantados. Na área de têxteis, para além do exemplo que já citei acima, discutem-se questões problemáticas como a de determinar se tingimento e estampagem de tecidos conferem origem. Noutros setores, como o de máquinas e equipamentos, deverão ser discutidos os critérios de origem, isto é, por valor agregado, ou por número de componentes básicos.

As posições divergentes se explicam seja pela existência de interesses econômicos distintos (por exemplo, o de assegurar ou não que todas as etapas de produção sejam efetuadas num mesmo país), seja por interesses relacionados com a implementação de mecanismos de defesa comercial (controlar o acesso a uma quota restritiva). Há, porém, casos que envolvem outro tipo de considerações, como questões fitossanitárias (por exemplo, a origem do boi), ou *marketing*. A Suíça, por exemplo, vem tentando impedir que todos os relógios feitos em Hong Kong, com mecanismo suíço, possam ser vendidos como *made in Switzerland*, para evitar a perda do prestígio e exclusividade associados à marca suíça.

Além das regras específicas para um determinado produto, os dois Comitês deverão negociar regras de aplicação horizontal e regras residuais. Estas serão as regras que definirão certos processos, como o de mistura e o de reação química, e que serão utilizadas quando uma regra específica não for suficiente para determinar a origem de um produto.

Os debates em curso para a definição de regras de origem de aplicação universal são prova adicional da consolidação de uma economia globalizada e interdependente, caracterizada por uma verdadeira revolução nas cadeias produtivas, e na qual a separação entre o interno e o externo se dilui, dificultando a tarefa de reconhecer a nacionalidade do produto final objeto de uma transação comercial.

A pouco mais de três meses do término previsto das negociações sobre regras de origem multilaterais não-preferenciais, realço aqui a importância da interação entre o governo brasileiro e o setor privado para a defesa dos interesses nacionais. Para a determinação do interesse nacional, setor por setor, caberá a verificação da posição brasileira como importador, exportador ou produtor do bem em discussão. Nesse aspecto, observo — como tenho feito em outras ocasiões — a insuficiência de informação resultante do feitio da tradicional representação empresarial para um exercício dessa natureza. Com efeito, esta, pelas suas características, não leva em conta o total da cadeia produtiva nacional. Por isso gera *inputs* isolados, e muitas vezes conflitantes, de setores dessa cadeia tais como, por exemplo, agroindústria, química, metal-mecânica, máquinas e ferramentas, etc. Para superar essas dificuldades e conseguir melhor tratamento deste tema e de outros nas negociações multilaterais de comércio, são necessárias novas modalidades de organização e de relacionamento entre governo e setor privado que permitam visão clara de cadeias produtivas. Só assim o Estado brasileiro estará apropriadamente capacitado a exercer a sua moderna função regulatória e constituir-se como instância de intermediação interna e externa, dotado de competência para definir, nos tabuleiros das negociações comerciais, o interesse nacional.

*Genebra, 1998*

# O Japão, a Crise Asiática e a OMC: considerações sobre o mecanismo de revisão de políticas comerciais (TPRs)

Potência econômica mundial desde os anos 70 e com uma nova latitude de ação política a partir dos anos 90, em razão do fim da Guerra Fria, o Japão desempenha relevante papel na vida internacional. Um dos problemas críticos da agenda mundial é a crise financeira na Ásia e seus desdobramentos. No encaminhamento da "governabilidade" desta crise, o Japão é peça chave. Para o Brasil, acompanhar atentamente os desenvolvimentos no Império nipônico é importante, seja do ponto de vista das reverberações da tempestade oriental na nossa própria economia, seja em função da relevância específica do mercado japonês em momento de necessidade de aumento e diversificação geográfica de nossas exportações. Com efeito, metade das exportações brasileiras para o Sudeste Asiático tem como destinatário o Japão. Em 1996, com compras no valor de US$ 3 bilhões, o Japão respondeu por 6,38% das exportações brasileiras, superando a Alemanha (4,36%), Itália (3,1%), e Reino Unido (2,77%), adquirindo, entre outros produtos, alumínio, minério de ferro, frango, café, ferro-liga, pasta de madeira, produtos laminados, suco de laranja e silício.

A importância econômica da interação do Japão no contexto regional asiático é conhecida e caracteriza-se por uma ação nos planos do comércio, dos investimentos e das finanças. Lester Thurow, em artigo recente, ao discutir essas três dimensões, sublinhou ter o Japão um superávit de 100 bilhões de dólares e mais de 200 bilhões de reservas internacionais. Sugeriu, neste contexto, que, sendo o país mais rico da Ásia, deveria tomar medidas para sanear sua própria economia e ver-se em condições de ajudar no esforço de recuperação de seus parceiros regionais. Thurow expôs a tese de que Tóquio pode contribuir mais para solucionar a crise asiática do que o FMI. Para tanto, seria fundamental que o Japão, alterando suas políticas macroeconômicas, utilizasse parte de seu superávit em importações dos países próximos. Em poucas palavras, Thurow realçou a vertente do comércio internacional, centrada no Japão, como um dos caminhos para o equacionamento de uma crise que afeta negativamente a "governabilidade" da economia mundial.

Os recentes acontecimentos na Ásia coincidiram com o exame, em 27 e 28 de janeiro passado, pela Organização Mundial de Comércio, da atual política comercial do Japão. Como foro de comércio internacional, a OMC vem realizando esse tipo de exame com a finalidade de permitir transparência nas questões que afetam o fluxo de bens e serviços. O exercício — que não visa criar obrigações jurídicas adicionais aos países examinados — contribui para *intelligence gathering* por parte dos membros da OMC, pois constitui uma radiografia dos objetivos e instrumentos de política comercial de um país. Foi, no caso do Japão que vou discutir, também uma oportunidade seja para analisar a distância entre o dizer e o fazer da proposta de Thurow, seja para examinar as condições de acesso do Brasil ao mercado japonês.

O exame periódico das políticas comerciais nacionais a que todos os membros se submetem é uma das funções da OMC. Neste exame há um escrutínio multilateral pelos diversos membros das práticas de um país à luz das normas do Direito Comercial Internacional vigentes no âmbito da OMC. Um documento preparado pelo secretariado da organização e outro preparado pelo próprio país examinado servem de base para a discussão. Posteriormente, esses documentos e um sumário das discussões são publicados pela OMC, podendo ser adquiridos por qualquer interessado. Trata-se de documentação de grande utilidade, equiparável, na área de comércio internacional, aos relatórios do FMI e do Banco Mundial, na área econômico-financeira.

Qual a razão de ser dos TPRs numa economia globalizada? A prática teve origem durante a Rodada Uruguai, ainda no regime do GATT, no âmbito do chamado *princípio da transparência*, que permeia a atuação dos membros do sistema multilateral de comércio. Esse princípio constitui uma *"obrigação de comportamento"* por parte de seus membros que estão sujeitos à obrigação geral de notificar. Os TPRs representam, pois, uma forma de diplomacia aberta. São uma extensão para o campo das políticas econômicas do princípio da publicidade dos tratados, proposto por Woodrow Wilson. Ilustram a interação entre o "*interno*" e o "*externo*", diluidora da distinção entre ambos, que caracteriza o mundo contemporâneo. O *princípio da transparência* num sistema multilateral de comércio regido por normas, como é o caso da OMC, contribui para uma maior *"segurança das expectativas"*. É uma das condições de funcionamento do mercado, que requer informação e enquadramento jurídico.

Nesta moldura abrangente, sugestões semelhantes às de Lester Thurow foram articuladas durante o exame pela OMC dos aspectos comerciais da política econômica nipônica. Assim, vários membros da organização realçaram a "necessidade de o Japão estimular a demanda interna e diminuir a dependência das exportações como fórmula para reativação do crescimento". Esta proposta de reorientação do modelo japonês fez sobrepairar na discussão a questão do papel do Estado na orientação da economia e o tema da desregulamentação.

Questionou-se, assim, um modelo que — como,

observo eu, o de substituição de importações entre nós — apresentou resultados no passado mas que, num mundo em acelerada transformação, não é mais apropriado. Daí o desafio da mudança nas agendas interna e externa do Japão. Em matéria de desregulamentação, verificou-se a preocupação japonesa em explicar medidas tomadas em relação à eliminação de requisitos relativos à distribuição de produtos. É de se lembrar nesse capítulo que o modelo japonês se baseava na interligação, induzida pelo Estado, das cadeias produtivas e das redes de distribuição que formam uma malha que dificulta as importações.

Ainda com relação ao papel do Estado, vários membros da OMC manifestaram preocupação com o escopo do comércio realizado por empresas estatais (*state trading*), que monopolizam as transações de ampla gama de produtos tais como arroz, trigo, cevada, lacticínios, fumo e álcool.

Os membros da OMC reconheceram diversos dos esforços empreendidos pelo Japão desde 1995 para liberalizar seu comércio, mas não deixaram de apresentar críticas às restrições existentes e de expressar o desejo de vê-las eliminadas. Neste sentido, subsiste visível hiato entre a prática comercial nipônica vigente e a possibilidade de o Japão desempenhar um papel à altura de seu potencial, no encaminhamento da "governabilidade" da crise asiática.

No que diz respeito aos interesses específicos do Brasil, outro tema que recebeu particular atenção referiu-se ao papel do Japão na promoção de importações de produtos provenientes de países em desenvolvimento. Com efeito, sendo o Brasil o oitavo beneficiário do Sistema Geral de Preferência (SGP) japonês, conviria ao empresariado brasileiro avaliar o aproveitamento que vem fazendo desse mecanismo de acesso ao mercado nipônico, tendo presente a informação, dada pelo Japão, de que estaria para ser revista a lista de seus atuais beneficiários.

A questão da proteção agrícola japonesa que também interessa de perto ao Brasil, não deixou de ser objeto de análise aprofundada, tendo a documentação da OMC apontado ser o nível japonês de apoio à agricultura superior aos de outros membros da OCDE. Também nesse contexto, vários participantes observaram serem mais altas as tarifas aplicáveis a produtos agrícolas do que a produtos manufaturados e expressaram preocupação quanto à ocorrência de picos tarifários para inúmeros produtos, em especial alimentos, têxteis, manufaturas de couro e calçados.

Significativas foram também as manifestações de preocupação com a complexidade e o custo de exigências sanitárias e fitossanitárias, com os procedimentos relativos à aprovação de importação de frutas e de verduras, bem como com os padrões restritivos aplicados para a importação de alimentos congelados. O Brasil formulou perguntas específicas sobre as exigências descabidas para a exportação de frutas, como a manga, que — a cumprir-se exigência do Japão de imersão em banho quente de longa duração —, chegaria em condições inadequadas ao consumidor de fruta fresca. As restrições nipônicas em matéria de importação de frutas estão sendo, aliás, objeto de processo de solução de controvérsias na OMC, do qual o Brasil participa como "terceiro interessado".

Qual o significado mais geral dessa discussão de cunho especializado, para a opinião pública brasileira? A aceleração da inovação tecnológica vem reduzindo o custo dos transportes e das comunicações e neste processo, que é um dos aspectos da globalização, a fronteira física deixou de ser uma "barreira natural". Por isso a porcentagem de atividade econômica conduzida exclusivamente dentro de fronteiras nacionais vem diminuindo em todos os países. Estas realidades da interdependência, instigadas pela percepção generalizada da impossibilidade do desenvolvimento em isolamento, fizeram com que as negociações comerciais multilaterais se aprofundassem para além das desgravações tarifárias. Passaram a contemplar o objetivo de maior coerência na formulação das políticas macroeconômicas, em escala mundial, e a incluir as barreiras não-tarifárias, fruto da política econômica das soberanias nacionais. Daí a negociação na Rodada Uruguai de acordos sobre a aplicação de medidas fitossanitárias, barreiras técnicas ao comércio, regras de origem, procedimentos de licença de importação, subsídios. Estas normas foram negociadas e são discutidas porque resultam da necessidade de cooperação entre os Estados. Trata-se de uma conseqüência da distância entre a clássica plenitude irrestrita da soberania jurídica — cuja presunção é a autarquia — e as possibilidades mais circunscritas de "soberania operacional", inerente ao mundo contemporâneo.

Explico-me valendo de uma metáfora utilizada por John Jackson: as economias nacionais são como computadores de distinta linguagem e fabricação que não têm hoje repertório e escala para satisfatoriamente operar em isolamento. Requerem para funcionar uma interconexão com os demais. Esta interconexão pressupõe um mecanismo de *interface* para poderem trabalhar em conjunto. A OMC constitui precisamente este mecanismo, com vocação para uma participação universal, pois conta atualmente com 132 membros, estando a China e a Rússia negociando sua acessão. Caracteriza-se, assim, a OMC, por um conjunto de normas que direcionam a convergência dos Estados para a promoção dos interesses comuns do desenvolvimento. Conhecê-las, aparelhando tecnicamente o Estado e as associações de classes no seu competente manejo, trará certamente resultados mais profícuos para a expansão e diversificação das exportações brasileiras e nossa positiva inserção no mundo do que declarações de efeito contra as regras internacionais vigentes, das quais o Brasil é signatário. Como ensina a sabedoria popular: "*não se caçam lebres tocando tambores*".

*Genebra, 1998*

# O Órgão de Solução de Controvérsias da OMC:
## balanço de uma gestão

Ao se aproximar o termo do meu mandato de presidente do Órgão de Solução de Controvérsias (OSC) da OMC desejo agradecer o apoio recebido, tanto dos membros da OMC quanto de seu competente secretariado. Tem sido, para mim, uma oportunidade única a possibilidade de contribuir — sempre guiado pelos membros da Organização — para o funcionamento e a consolidação do OSC e para a implementação do Entendimento de Solução de Controvérsias (ESC).

O exercício de uma presidência, em geral, e a do OSC em particular, no âmbito da OMC, constitui um desafio funcional muito especial. Requer o que Georges Scelle denominou um *dedoublement fonctionnel*, vale dizer, a capacidade do presidente, no exercício de suas funções, de transcender os interesses específicos do Estado que representa, na busca de uma imparcialidade que beneficia a Organização e todos os seus membros. Já se passou quase um ano desde que presidi, pela primeira vez, uma reunião do OSC e a conclusão do meu mandato, que se avizinha, está determinada — como é do conhecimento de todos — pelo sábio princípio de rotação. Este princípio é um dos mecanismos que contribui para a construção do consenso, lastro indispensável à operação da OMC.

Na condição de presidente tem sido, para mim, um privilégio ver o Direito em ação, contribuindo para solucionar controvérsias entre membros da OMC. Este privilégio, no meu caso, é ainda mais significativo, em função da minha experiência pessoal de professor de Direito e de representante de um país que sempre sublinhou a relevância de uma leitura grociana das relações internacionais. Esta leitura, inspirada por um dos fundadores do Direito Internacional, identifica tanto a existência de conflito quanto a possibilidade de cooperação no plano mundial, mas reconhece, no sistema internacional, um amplo espaço para a construção consensual e a aplicação consentida de normas jurídicas disciplinadoras de conflito e promotoras de cooperação.

O comércio — o *doux commerce* de que falavam Montesquieu e Kant — e o Direito são caminhos convergentes e complementares da construção da paz — valor maior da comunidade mundial. Neste sentido, o que faz a OMC — a primeira organização econômica mundial pós-Guerra Fria — para expandir o comércio e o OSC para gerir os conflitos eventualmente derivados desta expansão tem uma relevância exemplar. No âmbito do OSC, esta relevância transcende os muitos casos especificamente equacionados neste ano, seja através de soluções mutuamente aceitáveis, negociadas entre as partes, na tradição da "jurisprudência diplomática" do GATT, seja nos encaminhados através do "adensamento da juridicidade" representado pelos novos caminhos legais abertos e consolidados pelo ESC.

O início do funcionamento do Órgão de Apelação foi o ingrediente que, na dimensão exemplar, caracterizou a minha gestão. O Órgão de Apelação é, no plano internacional, uma quase única segunda instância, de natureza permanente, incumbida de examinar recursos em controvérsias entre Estados — e não entre particulares —, tendo como fundamento de sua jurisdição temas de Direito (*issues of law*) e interpretações jurídicas, tratados na primeira instância dos *panels*. O duplo grau de jurisdição é, assim, paradigmático de um expressivo "adensamento da juridicidade", que é como busquei qualificar o sistema de solução de controvérsias da OMC quando comparado com o do GATT, na minha "Gilberto Amado Memorial Lecture", na Comissão de Direito Internacional, em 18 de junho de 1996.

Seja-me permitido, ao concluir este discurso de agradecimento e balanço de gestão, como professor de Direito que sou, evocar e construir em torno de um paralelo histórico. Em 1872, nesta cidade de Genebra — a cidade de Rousseau, da Cruz Vermelha e de grande tradição em assuntos internacionais —, reuniu-se e deliberou o tribunal de arbitragem do caso "Alabama". Integrava este tribunal arbitral *ex vi* do tratado de Washington de 1871, celebrado entre os Estados Unidos e a Grã-Bretanha, um diplomata e jurista brasileiro indicado por D. Pedro II, imperador do Brasil: o visconde de Itajubá. A decisão sobre o caso "Alabama" foi tomada por um tribunal arbitral independente, composto por uma maioria de juristas provenientes de Estados neutros. Deliberou sobre um importante contencioso entre os EUA e a Grã-Bretanha. A controvérsia versava sobre compensações derivadas da Guerra Civil norte-americana. Esta sentença arbitral foi um marco na solução pacífica de controvérsias e, conseqüentemente, um ponto de inflexão que reforçou o alcance da perspectiva grociana na vida internacional. Mostrou como uma controvérsia que não era de importância secundária, entre dois Estados que não eram de importância secundária no sistema internacional, podia efetivamente ser equacionada por meios jurídicos. Foi, assim, uma etapa relevante no desenvolvimento da justiça internacional. É minha expectativa que mais uma vez, em Genebra, o Órgão de Solução de Controvérsias e o Entendimento sobre Solução de Controvérsias da

OMC, ora em funcionamento pleno e dotado de um Órgão de Apelação, seja também uma etapa nova no desenvolvimento da justiça internacional — uma etapa representativa, no âmbito do sistema multilateral do comércio, tanto da contenção do unilateralismo quanto do reforço do multilateralismo, tal como preconizado, como *vis directiva,* pelo artigo 23 do Entendimento de Solução de Controvérsias.

*Genebra, 1997*

# O Conselho Geral da OMC:

## balanço de uma gestão

Os meus predecessores na presidência do Conselho Geral da OMC — o embaixador K. Kesavapany, de Cingapura, e o embaixador W. Rossier, da Suíça, cujos conselhos e ensinamentos me foram de grande valia durante o meu mandato, e aos quais rendo publicamente as minhas homenagens —, instauraram a praxe de um discurso de despedida, na última sessão que presidiram. Vou seguir os passos dos meus ilustres predecessores e, como eles, exprimir os meus agradecimentos, fazer um balanço do que foi realizado e propor uma reflexão em torno das atividades da OMC.

Essa sessão formal do Conselho Geral é a primeira do ano de 1998 — ano do cinqüentenário do GATT e portanto da inauguração do sistema multilateral de comércio. Deste sistema, o Brasil participou desde o início das negociações, da malograda Organização Internacional do Comércio, que conduziram ao GATT, do qual o meu país foi parte-signatária originária. Neste sentido, permito-me recordar, com natural apreço familiar, que o relator que ensejou a aprovação do GATT, no Congresso brasileiro, foi o então deputado Horácio Lafer que, posteriormente, na década de

50, destacou-se como ministro da Fazenda e das Relações Exteriores do meu país.

O reconhecimento dos membros do GATT do compromisso sistêmico do meu país com o multilateralismo comercial traduziu-se, institucionalmente, no fato de três brasileiros terem sido escolhidos para presidir a Conferência das Partes Contratantes, o antecedente organizacional do Conselho Geral. Foram eles, em 1959 e 1960, o embaixador Edmundo Barbosa da Silva, um dos responsáveis pela moderna institucionalização no trato dos temas econômicos no Itamaraty; em 1976, o embaixador Georges Alvares Maciel, representante permanente do Brasil em Genebra de 1974 a 1983, ativo participante da Rodada Tóquio e da Rodada Uruguai e sem dúvida um dos grandes mestres da diplomacia econômica brasileira, e em 1990 o embaixador Rubens Ricupero, representante permanente do Brasil em Genebra de 1987 a 1991, também um ativo participante das negociações da Rodada Uruguai e que os membros da OMC conhecem pela ativa colaboração que deu, na sua função atual como secretário-geral da UNCTAD, ao sucesso da Conferência de Alto Nível sobre os países de menor desenvolvimento relativo, que foi uma das importantes realizações da nossa organização no ano passado.

Na lógica da rotatividade e do equilíbrio que norteia a escolha das presidências dos órgãos da OMC

— honrado pela indicação do GRULAC e de acordo com a praxe, com o apoio e o consenso dos demais grupos e regiões a que se vinculam os membros da OMC — fui eleito e assumi, no ano passado, a presidência do Conselho Geral. Vejo-me assim representando não apenas o compromisso do meu país e do governo do presidente Fernando Henrique Cardoso, mas também o empenho sistêmico de minha região com o multilateralismo comercial e com a inequívoca vocação de universalidade que assumiu com a criação da OMC.

Esta vocação de universalidade resulta do fim de um sistema internacional, assinalado por polaridades definidas que trouxe, como via de conseqüência, a diluição dos conflitos de concepção sobre como organizar a vida econômica mundial. Daí a passagem de uma relação contratual, de menor profundidade, como era o GATT, para uma organização dotada de personalidade jurídica própria e voltada para institucionalmente promover a convergência dos seus membros em torno de interesses comuns.

É neste contexto que a OMC pode ser qualificada como a primeira organização internacional pós-Guerra Fria. É por isso que ela é, não apenas juridicamente mas também política e economicamente, uma organização *sui generis*. Foi essa a razão que me levou a suscitar e buscar uma disciplina apropriada para o tema da acreditação de embaixadores junto à OMC. A mesma razão me levou a trabalhar, em conjunto com o diretor-geral e com o embaixador K. Morjane, presidente do Grupo sobre as Condições de Trabalho Aplicáveis ao pessoal do secretariado da OMC e também com todas as delegações interessadas, para encontrar uma solução para o tema de salários e pensões, na lógica de um secretariado autônomo, independente e eficiente, compatível com os desafios que a OMC tem pela frente e que flui das decisões tomadas em Marrakech.

A vocação de universalidade a que dei ênfase, ao tratar da diluição dos conflitos de concepção, exprime-se na ampliação *ratione personae* dos membros da OMC quando comparada com o GATT. Somos hoje 132 membros e estão em andamento mais de trinta processos de adesão — entre eles o da China e o da Rússia.

O impacto da OMC na vida dos seus membros encontra sua expressão no aprofundamento *ratione materiae* dos assuntos que trata e disciplina. Este aprofundamento resultou da necessidade de normas de mútua colaboração num mundo interdependente. Elas têm como função direcionar a convergência dos membros para a promoção de interesses comuns de desenvolvimento, por meio da expansão da produção e do comércio de bens e serviços. Estas normas têm hoje a unidade de um ordenamento jurídico que é a nota básica que deriva da noção de *single undertaking* — base do sucesso da Rodada Uruguai. A amplitude do *single undertaking* que adquiriu nova dimensão em função da bem-sucedida conclusão, no ano passado, das negociações de serviços — telecomunicações e finanças — rescaldo das *unfinished business* da Rodada Uruguai — é um dado importante para a reflexão sobre o funcionamento da OMC.

Com efeito, a OMC, ao ir muito além da medida de fronteira — a tarifa, que foi o cerne inicial das negociações do GATT — e ao regulamentar assuntos que antes estavam na esfera da competência exclusiva das políticas econômicas nacionais, passou a contemplar, institucionalmente, o que eu qualificaria de *confidence-building measures*. Estas *confidence-building measures* são técnicas de gestão dos riscos de participação dos membros num sistema multilateral do comércio da amplitude da OMC. Elas encontram a sua expressão no papel do Conselho Geral e nas suas duas especializações funcionais — o TPRM e o DSB.

O Conselho Geral, reunido como TPRB (Órgão de Revisão de Políticas Comerciais), é um *locus* privilegiado para o exercício do *princípio da transparência* que permeia a atuação dos membros do sistema multilateral de comércio. A discussão, periódica e regular, sobre as políticas comerciais dos membros, contribui para a "segurança das expectativas". Representa uma faceta da obrigação geral de notificar enquanto uma "obrigação de comportamento", necessária para o funcionamento do mercado que requer tanto informação precisa quanto adequado enquadramento jurídico. Os TPRs são, em síntese, uma extensão para o campo das políticas econômicas da "diplomacia aberta". Representam um ingrediente de democratização da ordem internacional, pois dada a interação entre o "interno" e o "externo", que caracteriza a economia mundial, o que é do interesse de todos — as *trade policies* dos membros — deve ser do conhecimento de todos.

O Conselho Geral, reunido como DSB (Órgão de Solução de Controvérsias), é a pedra de toque de um sistema multilateral de comércio, como o da OMC, regido por normas. Administra a dialética conflito/cooperação inerente à vida no mercado, que não é uma ordem espontânea pois requer a *rule of law*. Esta foi globalmente negociada na Rodada Uruguai e concebida como um jogo, com normas de *fair play* compartilhadas por todos os membros. As normas comuns do *single undertaking*, no entanto, não levam necessariamente a interpretações em comum. O ESC (Entendimento sobre Soluções de Controvérsia), administrado pelo DSB, tem como função evitar o unilateralismo da interpretação e a "auto-ajuda" na aplicação de normas criadas em comum. Ao oferecer um caminho jurídico para os contenciosos econômicos, na impossibilidade de uma solução negociada que é sempre a preferida, o DSB tutela a segurança e a previsibilidade do sistema multilateral de comércio. É neste sentido uma *confidence-building measure* de maior alcance que o princípio da transparência, pois configura-se não apenas como uma "obrigação de comportamento" mas igualmente como uma "obrigação de resultados". Este expressivo adensamento de juridicidade, que diferencia o GATT da OMC, a meu ver tornou-se possível, no pós-Guerra Fria, em função da diluição dos conflitos de concepção sobre como organizar a cooperação econômica em escala mundial. Resultou da aceitação generalizada de que os contenciosos econômicos, passíveis de solução no âmbito da OMC, representam conflitos de interesses — conflitos de interesses cuja solução os membros podem politicamente atribuir a um *tertius* de cunho jurídico, independente das partes — os *panels* e o Órgão de Apelação.

O processo decisório da OMC, baseado no consenso — que tem o seu vértice no Conselho Geral —, é outra *confidence-building measure* sobre o qual acho indispensável tecer algumas considerações. O consenso tem a sua razão de ser porque os ativos da OMC não são recursos, mas normas. Estas normas, para serem efetivas, precisam ser aceitas por todos os membros.

Não podem ser impostas pela heteronomia do poder de alguns. Requerem a autonomia de um *pactum societatis*, fruto da participação de todos. A função do consenso, enquanto *confidence-building measure,* está intimamente ligada ao tema da autonomia, ou seja, à idéia de que ser livre, como dizia Rousseau, é *obedecer* "*à la loi qu'on s'est prescrite*". O valor do consenso, na perspectiva da ação, é o de reduzir o medo de ser vinculado por uma decisão não desejada. O consenso contribui dessa maneira para a segurança jurídica de todos os membros da OMC e para a força vinculante de suas normas. É por esse motivo que, em contraste com as instituições de Bretton Woods, não existe voto ponderado na OMC e é esta a razão profunda, de substância, pela qual somos uma organização conduzida pelos membros (*member driven*).

A construção do consenso na OMC tem características próprias que me permito tentar explicitar à luz da minha experiência. Dado o número de membros e a heterogeneidade dos seus interesses, o início do processo decisório começa pela ação de coligações de geometria variável que vão se expandindo até alcançar a universalidade dos membros. Estas coligações não são rígidas nem preestabelecidas. Dependem do tema em discussão. Por isso não há "alinhamentos automáticos" nem polaridades definidas no tabuleiro da OMC. O sucesso de qualquer iniciativa exige confiança que, por sua vez, envolve transparência e participação como ingredientes indispensáveis para o tipo de diplomacia de cooperação econômica que caracteriza a OMC.

Explico-me observando que num mundo globalizado não há conveniência nem possibilidade de saída na OMC. Por isso a premissa do funcionamento do consenso na OMC é a de operar *dentro* e *não contra ou fora* do sistema. A sustentatibilidade política desta premissa requer que a lealdade à organização se mantenha pela sua abertura à reciprocidade dos interesses abrangentes de todos na continuidade do trabalho da OMC. É por este motivo que, no encaminhamento dos temas que se faz na OMC — sejam eles os novos ou os velhos — deve haver uma equilibrada combinação do natural *barganhar* dos interesses nacionais, associado ao *argüir* dos interesses gerais abrangentes e sistêmicos em função do que a OMC representa para todos como bem público internacional, ou seja, como espaço para uma interação grocianamente organizada e não-anárquica dos setores da economia mundial regidos por suas disciplinas.

Deste sutil e delicado processo — que lida com interesses muito concretos e nem sempre coincidentes, inclusive em função das pronunciadas assimetrias do poder que lamentavelmente persistem em escala mundial — o presidente do Conselho Geral é o guardião. A ele cabe ser um imparcial construtor do consenso. Esta é a sua função precípua. É isto que dele esperam os membros. Foi assim que procederam os meus antecessores. Foi assim que busquei, escrupulosamente, agir. Será assim que procederá, tenho certeza, o meu sucessor, o embaixador John Weekes, do Canadá, cujo conhecimento e longa experiência no trato do multilateralismo comercial o habilitam a presidir o Conselho Geral neste importante ano de 98. Formulo em nome de todos, na condição de um presidente *member-oriented*, votos de uma gestão bem-sucedida, lastreada na "regra de ouro" do consenso.

Não posso concluir estas reflexões sem mencionar o quanto foi fecunda e amistosa a minha permanente interação com o diretor-geral da OMC, Renato Ruggiero. A etimologia freqüentemente nos oferece pistas hermenêuticas para a compreensão de uma pessoa. Lembro, neste sentido, que, etimologicamente, Ruggiero é sobrenome difundido em toda Itália, de origem germânica, oriundo de *Hroth* — glória, fama —, e *Gaira* — lança —, e cujo significado originário seria lança gloriosa. Renato, por sua vez, vem do latim — *renatus* — renascido. O nosso diretor-geral tem sido uma "lança gloriosa" que renasce diariamente na defesa do multilateralismo comercial. Permito-me realçar neste aspecto a contribuição que vem dando — e que é uma das funções do seu cargo — a uma diplomacia da opinião pública. Com efeito, a sustentabilidade política do processo de liberalização comercial passa pela opinião pública dos membros da OMC. A opinião pública não faz nem a política externa nem a política interna de qualquer membro da OMC, mas nenhuma política se faz contra ela ou sem ela, e se ela não tem o poder decisório de atuar diretamente sobre os acontecimentos, ela tem o poder de tornar possível ou não uma política. O diretor-geral, ao personificar e expor nas suas atuações públicas o papel positivo e estabilizador de um sistema multilateral de comércio regido por normas, traduz, *ex-officio*, o significado da OMC para o mundo contemporâneo. Esta é uma função que só ele pode exercer na sua inteireza, porque está acima dos interesses específicos dos membros e pode assim articular o "interesse geral" de natureza institucional, corporificado na OMC. Destaco nesta linha a palestra recente de Renato Ruggiero em Londres, na Chatam House, na qual advertia para os riscos, para a paz e estabilidade macroeconômica, de uma onda protecionista como resposta à crise asiática, semelhante a que fomentou a crise dos anos 30.

Não posso concluir sem agradecer ao secretariado da OMC, que me auxiliou mais de perto no exercício de minhas funções. Agradeço a todos por intermédio do embaixador Paulo Barthel-Rosa, diretor da Divisão do Conselho, que com a sua larga experiência e conhecimento tanto me ajudou, inclusive reiterando, como brasileiro a serviço da OMC, em bom português, para que eu não tivesse dúvidas, os pontos para os quais entendia conveniente, sistemicamente, chamar a minha atenção.

Agradeço o apoio dos membros da OMC e a honra que me conferiram ao eleger-me para a presidência do Conselho Geral. Foi uma experiência rica e única. Só lamento ter deixado para o meu sucessor alguns itens não resolvidos, mas noto, com satisfação, que "agindo em conjunto" fomos capazes de fazer muitas coisas. Devemos nos orgulhar juntos. Muito obrigado.

*Genebra, 1998*

# Desarmamento

# "Dividendos da paz" no mundo Pós-Guerra Fria?

1 Os horrores da Segunda Guerra Mundial e seus flagelos, o mal ativo do exercício prepotente do poder por regimes totalitários e o mal passivo do sofrimento de suas inumeráveis vítimas instigaram a procura e reacenderam a esperança na possibilidade de se construir uma humanidade pacífica. A Carta da ONU, que data de 1945, respondeu a esses anseios. Propôs diretrizes nessa linha ao estabelecer a busca da solução pacífica das controvérsias como obrigação de comportamento (art. 33, § 1º), e ao indicar o caminho da cooperação internacional para resolver problemas mundiais de caráter econômico e social com a finalidade de criar condições de bem-estar e respeito aos direitos humanos necessárias para as relações pacíficas e amistosas entre as nações (art. 55). Daí, por via de conseqüência, a idéia que está na origem do conceito de "dividendos da paz", de desviar "para o emprego em armamentos apenas o mínimo dos recursos econômicos e humanos do mundo" (art. 26).

2 O surgimento e o posterior agravamento do conflito Leste/Oeste após o final da Segunda Guerra impediram que a idéia, contida na Carta, de desvio mínimo de recursos para armamentos, assim como tantos outros esforços e determinações no campo do controle de armamentos, chegassem a ser plenamente elaborados e implementados. Ao contrário, a corrida armamentista, o desenvolvimento da doutrina da dissuasão nuclear, e a manutenção do "equilíbrio do terror" com poder de destruição suficiente para aniquilar várias vezes a humanidade foram as características marcantes da rivalidade estratégica entre os dois blocos. Essa lógica do mundo bipolar comportava, sempre que interessasse a ambas as superpotências em função das possibilidades da *détente*, *limitações* ao crescimento dos arsenais nucleares, como no caso dos acordos SALT (limitações de armas estratégicas) e ABM (proibição de mísseis antibalísticos) nos anos 70, ou mesmo ajustes e reduções equilibradas nas forças convencionais das duas grandes alianças militares, como os acordados no âmbito da Conferência de Helsinque de Segurança e Cooperação na Europa (CSCE), ou nas conversações de Viena para reduções mútuas e equilibradas (Mutual Balanced Force Reductions — MBFR).

3 O mundo do pós-Segunda Guerra, como é sabido, não se limitava às relações de conflito e cooperação inerentes à bipolaridade Estados Unidos e URSS, pois nas suas brechas foi se articulando o tema das diferenças econômicas e sociais que separavam o Norte desenvolvido de um Sul em desenvolvimento. A polaridade Norte/Sul foi se adensando com o contingente numérico cada vez maior de países em desenvolvimento, especialmente após o processo de descolonização dos anos 50 e 60. Esta polaridade levou, no plano político, à formação de uma frente ampla de articulação, consubstanciada no não-alinhamento em relação aos Estados Unidos e à União Soviética, e no plano econômico à criação do Grupo dos 77, dedicado a melhorar o acesso ao desenvolvimento. Neste mundo de polaridades definidas Leste/Oeste, Norte/Sul, as posturas do Sul incluíam o repúdio à corrida armamentista e a promoção de uma nova ordem econômica internacional mais justa. Para os países do Sul, no plano estratégico-militar, a denúncia à corrida armamentista baseava-se no absurdo da lógica do *overkill* e na insegurança que o "equilíbrio do terror" gerava também para o resto do mundo. Ela se desdobrava, no campo econômico, na argumentação de que os extraordinários gastos em armas absorviam re-

cursos que poderiam e deveriam estar sendo empregados na cooperação internacional voltada para o desenvolvimento e para a redução das disparidades econômicas e sociais em escala global. É neste sentido que se colocou, na agenda internacional, na perspectiva do Sul, o tema e a expectativa dos "dividendos da paz".

4 Essa reivindicação também fazia parte das teses defendidas pelo Brasil no período. Já em 1960, no discurso de abertura da Assembléia Geral das Nações Unidas, o ministro das Relações Exteriores, Horácio Lafer, propunha a criação de um fundo internacional de desenvolvimento com recursos poupados da corrida armamentista, que deveria ser detida. O tema seria subseqüentemente retomado em 1963 pelo ministro João Augusto de Araújo Castro, em seu discurso à Assembléia Geral — o célebre discurso dos "Três Dês" (Descolonização, Desarmamento e Desenvolvimento). Araújo Castro apontava a própria corrida armamentista como "principal responsável pela carência de recursos para as grandes tarefas do Desenvolvimento Econômico". A idéia seria subseqüentemente retomada em pronunciamentos brasileiros na Assembléia Geral e nos foros de desarmamento.

5 Esses chamados por parte da diplomacia brasileira estavam plenamente sintonizados com as reivindicações que se faziam ouvir no âmbito das Nações Unidas, bem como com a reiteração da existência de um relacionamento entre desarmamento e desenvolvimento. Em 1950 a Assembléia Geral reconhecera, pela resolução 380 (V), a necessidade de a comunidade internacional "reduzir ao mínimo o desvio de seus recursos humanos e econômicos para armamentos, e buscar a utilização de tais recursos para o bem-estar geral, devidamente levando em conta as necessidades das regiões subdesenvolvidas do mundo". A importância do tema na agenda das Nações Unidas ilustra-se pela adoção de 59 resoluções e duas decisões da Assembléia Geral sobre o assunto, de 1946 a 1986, culminando com a realização, em setembro de 1987, da Conferência Internacional sobre o relacionamento entre desarmamento e desenvolvimento. Num contexto ainda marcado pela Guerra Fria, o reconhecimento pela conferência, da existência de tal relacionamento foi considerado por muitos países em desenvolvimento como um passo fundamental, mesmo que a participação não tenha sido universal (os Estados Unidos estiveram ausentes) e que o programa de ação adotado não tenha sido

acompanhado de mecanismo de seguimento e implementação.

6 A queda do Muro de Berlim — fim emblemático da Guerra Fria — e a posterior desagregação da URSS levaram a um novo mundo de polaridades indefinidas, que é aquele em que estamos inseridos. A dissolução do pólo Leste de bipolaridade tem como ingrediente básico a falência do modelo soviético. Esta falência foi precipitada pela incapacidade de a economia da URSS suportar os custos de acompanhar os EUA da era Reagan na corrida armamentista da "guerra das estrelas". Assim, por obra da "astúcia da razão" desapareceu a "lógica" do acúmulo desenfreado de armas que caracterizou, no campo estratégico-militar, as relações EUA-URSS.

7 Essa nova realidade permite uma acomodação em níveis mais baixos das paridades militares entre EUA e Rússia, sobretudo no campo nuclear, e de fato é o que se vem observando. A assinatura dos acordos Start-I e II, respectivamente em 1991 e 1993, traz ao plano estratégico importantes reduções. Sua plena implementação prevê arsenais nucleares de 3.500 ogivas para cada lado em 2003, um corte sem dúvida significativo se comparado

às 12.718 e 10.779 ogivas contabilizadas respectivamente pelos EUA e URSS em setembro de 1990. Ademais, a perspectiva da negociação imediata de um Start-III tão logo o Start-II tenha sido ratificado pelo Parlamento russo, conforme acordado pelos presidentes Clinton e Yeltsin em maio último, na reunião de cúpula de Helsinque, poderá reduzir ainda mais tais arsenais a cerca de 2.000-2.500 ogivas dentro de dez anos.

8 Desenvolvimentos recentes no plano multilateral também podem contribuir para estimular e consolidar a tendência no sentido do desarmamento nuclear. Em 1995, a conferência que prorrogou por tempo indeterminado a vigência do Tratado de Não-Proliferação de Armas Nucleares (TNP) aprovou também decisão pela qual tornou-se mais freqüente e reforçou-se o mecanismo de revisão de tratado, dando margem a que os países não-nucleares exerçam, também no âmbito do TNP, maior pressão política em favor do desarmamento nuclear. Foi esse, efetivamente, um dos propósitos destacados pelo presidente Fernando Henrique Cardoso em 20 de junho de 1997, ao anunciar a intenção brasileira de aderir ao tratado. Por sua vez, o tratado de proibição completa de testes nucleares, concluído e aberto a assinatu-

ras em 1996, impõe uma barreira importante a que a corrida nuclear possa prosseguir mediante o aperfeiçoamento ou o desenvolvimento de novos tipos de armas nucleares.

9 Além das reduções dos arsenais e novas expectativas na área nuclear, o novo clima internacional facilitou a concretização de antigas aspirações e reivindicações da grande maioria dos Estados quanto ao controle e proibição de outras armas de destruição em massa. Após mais de vinte anos de negociações, a convenção de proibição de armas químicas foi aberta a assinaturas em 1993 e entrou em vigor em abril deste ano. Estão atualmente em curso negociações com vistas a dotar a convenção de proibição de armas biológicas, que entrou em vigor em 1975, de mecanismo específico de verificação. Também no campo das armas convencionais tem-se obtido avanços, como as negociações em andamento para a conclusão, até o final deste ano, de um acordo internacional para a proibição das minas antipessoal.

10 Esses desenvolvimentos são sem dúvida auspiciosos para a comunidade internacional, na medida em que proíbem, reduzem ou limitam as categorias de armas de maior poder de destrui-

ção, ou ainda dificultam seu aperfeiçoamento futuro. São assim passos válidos para a construção de um mundo mais pacífico. No entanto, não se materializou a expectativa de que o fim da corrida armamentista e a redução global de armamentos levariam a uma liberação de "dividendos da paz", especialmente recursos que seriam aplicados em atividades para o desenvolvimento.

11 O que explica esta situação, que é mais um dado do *down-sizing* e da redução das esperanças que inicialmente se criaram com o fim da Guerra Fria? Ela está ligada, penso eu, ao custo de implementar acordos de desarmamento e de não-proliferação, custo que corrói o impacto da "astúcia da razão" que desmontou a "lógica" do equilíbrio do terror.

12 É esta a avaliação que faço, com base nestes dois anos de experiência em Genebra, também como embaixador do Brasil junto à Conferência do Desarmamento, e levando em conta aspectos importantes das negociações do ano passado, de que participei, do tratado de proibição completa de testes nucleares, e que comentei em artigo no *Estado de São Paulo,* em 9/6/96, com o título "O papel da diplomacia na busca da paz perpétua".

Estamos, com efeito, diante de um perverso paradoxo da razão: se a corrida armamentista inerente à lógica da dissuasão absorvia grande volume dos recursos, o desmantelamento de armas e a verificação de atividades a elas relacionadas também o faz, especialmente no caso de armas químicas e nucleares, que exigem processos complexos e custosos de eliminação, podendo envolver riscos de segurança e ambientais. Em outras palavras, e lembrando uma observação de Raymond Aron ao pensar sobre Clausevitz e a guerra: o fato técnico não determina a História mas modifica as condições a partir das quais os homens a constroem. Hoje, os riscos, tanto da escala quanto da intensidade destrutiva dos conflitos, são mediados pela qualidade técnica dos armamentos. É por este motivo que, inversamente, a gestão dos riscos do desarmamento e da redução dos armamentos, assim como o fortalecimento da não-proliferação requerem, além da vontade e condições políticas, técnicas altamente elaboradas, que são extremamente onerosas.

13 O caso atual da Rússia é ilustrativo: parte de suas dificuldades em ratificar tanto a convenção de armas químicas quanto o tratado Start-II diz respeito à falta de recursos para proceder à destrui-

ção das armas nos termos estipulados. De acordo com relatório anual do Instituto Internacional de Pesquisas para a Paz de Estocolmo (SIPRI), são cerca de 40 mil toneladas de armas químicas russas a serem destruídas, com um custo total estimado em até US$ 6 bilhões. No caso de armas nucleares, há o problema adicional do armazenamento e reconversão dos materiais físseis que as compõem, cujos inventários, apenas na Rússia, são estimados pela mesma fonte acima mencionada em cerca de mil toneladas de urânio altamente enriquecido e 150 toneladas de plutônio. Reconhecendo a gravidade da situação, os Estados Unidos e outros países ocidentais vêm prestando assistência financeira à Rússia para a eliminação de armas. O programa de assistência mantido pelos EUA para essas atividades, intitulado *Cooperative Threat Reduction,* de iniciativa dos senadores Richard Lugar e Sam Nunn, aplicou US$ 1 bilhão na Rússia, de 1991 a 1996.

14 A verificação de tratados do campo do desarmamento e da não-proliferação também requer a constante vigilância de certas atividades, visitas e inspeções *in situ*, investimentos em sensores, estações de monitoramento, equipamentos de verificação e outros serviços especializados, medidas

que ficam a cargo de secretariados ou inspetorias de caráter permanente. Tomando por exemplo os mais recentes acordos multilaterais no campo do desarmamento e da não-proliferação — a convenção de proibição de armas químicas e o tratado de proibição completa de testes nucleares —, essas responsabilidades se traduzem em um custo de implementação considerável e que recai sobre todos os signatários, sendo tais instrumentos de inspiração universal. É de se prever que a implementação de um possível futuro tratado multilateral de proibição da produção de materiais físseis venha igualmente a resultar em alto custo para suas partes, pois requereria, para fins de verificação, a aplicação de salvaguardas sobre grandes quantidades de materiais físseis existentes nas potências nucleares e hoje não sujeitos a esse tipo de controle.

15 Vemos, assim, que as expectativas de alguns anos atrás quanto à liberação de "dividendos da paz" e sua aplicação em atividades voltadas para o desenvolvimento foram na prática invertidas, ou seja, o que se verifica hoje é a comunidade internacional como um todo sendo chamada a contribuir para saldar os custos do desarmamento. É importante que todos os países, particularmente

os países em desenvolvimento, tenham presente essa situação ao engajar-se nos próximos esforços internacionais na área do desarmamento e da não-proliferação. Ainda que seja lícito argumentar que o fim da corrida armamentista, a redução de arsenais químicos e atômicos, a proibição de testes explosivos e um controle internacional mais eficaz sobre materiais físseis trazem benefícios globais em termos de segurança e relaxamento de tensões — e é esta a posição brasileira —, parece-me legítimo postular a tese de que os responsáveis pela acumulação e aperfeiçoamento de arsenais devem assumir a maior parcela possível do ônus decorrente do seu desmantelamento.

*Genebra, junho de 1997*

# As Novas Dimensões do Desarmamento:

## os regimes de controle das armas de destruição de massa e as perspectivas para eliminação de armas nucleares

I

1 No último dia 13 de julho, o presidente Fernando Henrique Cardoso assinou os instrumentos de adesão ao Tratado de Não-Proliferação de Armas Nucleares (TNP) e de ratificação do Tratado de Proibição Completa de Testes Nucleares (CTBT). Ainda que esses instrumentos apenas consolidem e formalizem compromissos que na verdade já haviam sido assumidos pelo Brasil no que tange à não-proliferação nuclear, o ato não deixa de ter importância política, tanto por representar o enquadramento definitivo do Brasil no regime internacional de não-proliferação, como por ocorrer num momento em que os testes nucleares realizados pela Índia e pelo Paquistão introduzem elemento novo no panorama político-estratégico global.

2 A adesão brasileira ao TNP encerra um ciclo, iniciado na segunda metade dos anos 80, caracterizado pela progressiva associação ao tratado de Estados que haviam até então preferido dele manter-se à margem. Nesse grupo incluíam-se duas potências nucleares conforme definidas no TNP (China e França), bem como países cujo nível de tecnologia nuclear não sujeita às salvaguardas do regime do TNP lhes permitira manter aberta a opção nuclear militar durante os cerca de vinte anos em que a vigência do tratado coincidiu com o período da Guerra Fria. Entre eles era possível discernir países que apenas resguardavam essa opção (Brasil, Argentina, Argélia, Chile, entre outros), e países onde situações regionais particularmente tensas ou conflituosas (Índia, Paquistão, Israel, África do Sul) os levariam de fato a desenvolver ou obter capacidade nuclear para fins explosivos.

3 A partir de meados da década de 80, vários acontecimentos, tanto de ordem regional ou interna — como a redemocratização da América Latina e o fim do regime de *apartheid* na África do Sul —, quanto em nível internacional — como o fim da Guerra Fria —, concorreram para encorajar a grande maioria dos países até então à margem do

TNP a ele aderirem. É esse o ciclo que a adesão brasileira encerra, permanecendo hoje fora do TNP apenas três países detentores de capacidade nuclear que pode ser utilizada para fins militares, quer explicitamente admitida (Índia e Paquistão), quer deliberadamente omitida (Israel). O ano de 1998 constitui, assim, ponto de inflexão que marca não apenas o encerramento do ciclo de adesões, mas também o início de uma nova fase, esta inaugurada com os recentes testes nucleares empreendidos pela Índia e com a resposta paquistanesa em termos equivalentes. O mundo permanece dividido entre os "*nuclear haves*" e "*have nots*", passando no entanto a existir uma subcategoria de "*haves*" não-membros do TNP.

4 Por suas implicações para o quadro estratégico mundial e para a ordem jurídica pretendida pelo TNP, os testes indianos e paquistaneses podem ser considerados a segunda crise de conseqüências políticas globais desde o fim da Guerra Fria. Diferentemente do acontecimento determinante da Guerra do Golfo — a invasão do Kuwait pelo Iraque — a afirmação nuclear de Índia e Paquistão não visa à conquista territorial imediata e tampouco tem o desígnio de estabelecer controle sobre recursos naturais específicos. Seu impacto po-

de, no entanto, ser mais profundo e mais incerto. Como avaliar suas implicações para a atual ordem internacional e quais suas conseqüências para os países que, como o Brasil, ingressaram definitivamente no regime internacional de não-proliferação como Estado não-nuclear? Estaríamos mais ou menos seguros neste novo ambiente?

## II

5 Se é verdade que o fim do conflito Leste/Oeste afastou o risco de uma guerra nuclear total e apocalíptica entre os dois rivais globais, cabe lembrar, como aponta Raymond Aron, que a guerra é um camaleão. Pode assumir novas formas de acordo com os objetivos e meios tecnológicos de que se dispõe, sobretudo num mundo em que se destaca a pluralidade das armas. Neste sentido, importa sublinhar que a tecnologia contemporânea diluiu as fronteiras entre conflitos maiores e menores; tornou ainda mais clara a quimera da "arma absoluta" que asseguraria a invulnerabilidade de qualquer Estado e sociedade; e ao associar a revolução da informação à irrupção da violência — que, por definição, é sempre desmedida e desproporcional para gerar a ubiqüidade do

medo — coloca na agenda contemporânea sempre novos problemas de segurança.

6 Nesta linha de raciocínio, um dado importante da arte da guerra, hoje, é a dependência na rapidez e na aplicação intensiva das tecnologias da informação — que passam pela utilização do espaço exterior. Daí novas necessidades e vulnerabilidades. Com efeito, se por um lado os sistemas de armas baseados nessas tecnologias, que incluem o monitoramento por satélites, demonstraram grande eficácia em ocasiões como a Guerra do Golfo, onde bombardeios de precisão e interferências eletrônicas efetivamente destruíram as defesas e "cegaram" os radares iraquianos, por outro esse próprio sucesso tem gerado a preocupação quanto à vulnerabilidade, por exemplo, dos EUA a um "Pearl Harbor eletrônico". Paradoxalmente, em função de uma astúcia positiva da Razão, a revolução da tecnologia da informação associada ao uso do espaço cria novas formas — não intrusivas porém eficientes — de controle de compromissos assumidos em tratados de desarmamento. Ainda que estas novas formas envolvam custos muito expressivos — e este foi um dos aspectos da negociação do CTBT — representam elas novas possibilidades de conferir efetividade a negociações de

desarmamento. Diria, assim, numa perspectiva brasileira, que tais inovações tecnológicas no campo eletrônico que são acompanhadas pela maior utilização de satélites para fins de reconhecimento e monitoramento — e que têm ampla utilização para fins pacíficos — justificariam uma ênfase especial na capacitação nessas áreas, inclusive para reforçar o *locus standi* do nosso país em negociações de desarmamento.

7 As máquinas e a técnica, para continuar com Raymond Aron, não fazem a História mas, sem dúvida, modificam as condições a partir das quais os homens a fazem. Neste fazer, em matéria da dicotomia paz/guerra, sem desconsiderar o dado tecnológico, é preciso conferir a devida preeminência à interação entre vontades contrapostas. Esta interação, como adverte Thérèse Delpech, obedece a lógicas mais complexas que a lógica binária dos computadores. Assim, é preciso também ter presente, em matéria de segurança, que a natureza e as características da guerra nos últimos anos vêm assumindo contornos às vezes muito distintos. A Guerra das Malvinas, o conflito Irã-Iraque e a Guerra do Golfo têm em comum a clássica oposição entre Estados nacionais agindo por intermédio de suas forças armadas. O mesmo

pode-se dizer da situação na península coreana, ainda que o impasse herdado da Guerra Fria permaneça até hoje. Mas como classificar conflitos como aqueles que ocorrem nos países da ex-Iugoslávia e na região dos grandes lagos africanos, para não mencionar os movimentos de secessão na Rússia e em outras repúblicas da ex-União Soviética, como a Guerra da Chechênia? Se o papel de atores não-estatais nos conflitos contemporâneos já se fazia visível no mundo das polaridades definidas Leste/Oeste, que ensejou o espaço político para a polaridade Norte/Sul e, por via de conseqüência, para as guerras dos movimentos de liberação nacional que se travaram no bojo do processo de descolonização, este papel passa hoje a constituir motivo ainda maior de preocupação. Com efeito, o sistema internacional pós-Guerra Fria é um sistema de polaridades indefinidas que vem sendo modelado pelas "forças profundas" e contraditórias da lógica da globalização, de tendência centrípeta, e da lógica da fragmentação, de tendência centrífuga. A lógica da fragmentação instiga a sublevação dos particularismos dos Estados e de atores transnacionais. Este potencial de sublevação, no plano da segurança, inspira novos cuidados num contexto de risco de proliferação de armas de destruição em massa, como as químicas e biológicas, cuja obtenção clandestina é mais fácil do que as nucleares.

8 As armas químicas e biológicas têm antecedentes na arte da guerra e foram empregadas neste século. A elas o desenvolvimento tecnológico contemporâneo conferiu temível atualidade. Daí o esforço no seu controle, de que são exemplos recentes a convenção de proibição de armas biológicas, de 1972, a qual poderá no futuro próximo ser fortalecida por protocolo de verificação, atualmente em negociação, e a convenção de proibição de armas químicas, assinada em 1993 e em vigor desde abril do ano passado. Entretanto, a verdadeira revolução na arte da guerra, neste século, são as armas nucleares cujo emprego, no limite, coloca em risco a própria sobrevivência da humanidade. Esta situação-limite do excesso de poder configurada pela posse de armas nucleares é representativa da desproporção entre a veloz ampliação do conhecimento técnico-científico e a muito mais lenta capacidade de traduzir este conhecimento em progresso humano. Por este motivo — que é um desafio à Razão — constituirão o foco central desta exposição. Esta almeja explorar a plausibilidade conjectural, no campo nuclear, de uma vertente do que Bobbio classifica

como pacifismo instrumental, que busca reduzir os riscos de guerra eliminando ou controlando os seus meios, que são os armamentos. Trata-se, assim, também, de uma análise inspirada pelo art. 4 – VI da Constituição de 1988 que estabelece a defesa da paz como um dos princípios que deve reger as relações internacionais do Brasil.

III

9 As armas nucleares contêm no seu bojo o paradoxo de que as guerras nucleares não podendo ser ganhas, devem ser evitadas. Este paradoxo se traduziu na conhecida fórmula "*Paix impossible — guerre improbable*" com a qual Aron descreveu o impasse político-estratégico da Guerra Fria, que associava à confrontação ideológica entre blocos a perversa lógica da escalada armamentista e da dissuasão nuclear. Ao verem esvair-se seu monopólio das armas nucleares ao longo das primeiras duas décadas do pós-guerra, e depois da situação-limite configurada nos riscos da crise dos mísseis em Cuba, os dois grandes antagonistas encontraram um espaço de cooperação e interesse comum na gestão oligárquica das questões a elas ligadas. Tal visão consubstanciou-se

justamente no TNP, assinado em 1968, cujas disposições admitiam apenas EUA, URSS, Reino Unido, França e China como detentores de armas nucleares, sendo que, como já apontado, os dois últimos inicialmente não aderiram ao regime do tratado, preservando por vários anos sua margem de manobra quanto à cooperação nuclear com terceiros Estados.

10 Os Estados não-nucleares que se mantinham fora do tratado resguardavam assim a opção de desenvolver todos os usos, inclusive explosivos, da tecnologia nuclear. Sublinhavam, de um lado, o caráter discriminatório do TNP que atribuía *status* nuclear apenas a cinco países nuclearmente armados. Realçavam, de outro, que a gestão da ordem nuclear apenas por cinco países — aos quais também a Carta da ONU conferia papel preeminente em matéria de guerra e paz, como membros permanentes do Conselho de Segurança —, se traduzia numa situação na qual a segurança dos poucos, baseada na dissuasão nuclear, não representava a segurança de todos. Em síntese, contestavam no plano da legitimidade — e havia espaço político no mundo das polaridades definidas para esta contestação — que, na perspectiva dos que não eram grandes potências,

a ordem por elas construídas era, além de precária e instável, injusta e especialmente ameaçadora para os que não estavam cobertos por um "guarda-chuva" nuclear. Apontava-se, igualmente, que as disposições do TNP relativas a desarmamento nuclear — única forma provável de eliminar efetivamente a insegurança trazida pela discriminação — muito deixavam e deixam a desejar.

11 Mas mesmo com a adesão apenas parcial do universo dos Estados e sob as duras críticas daqueles que questionavam sua legitimidade, por muitos anos o TNP e o regime por ele instituído não foram na prática contestados por atos que o desafiassem abertamente. Durante todo o período em que a vigência do tratado coincidiu com a Guerra Fria, nenhum país em condições de fazê-lo assumiu abertamente a condição de detentor de uma capacidade nuclear ofensiva, nem mesmo a Índia, que qualificou seu teste nuclear em 1974 de "explosão para fins pacíficos". Por seus recursos tecnológicos na área nuclear, países como Índia, Israel, Paquistão, Brasil, Argentina e África do Sul eram informalmente designados como países no "limiar", ou no "umbral" nuclear. Esse limite, contudo, não era oficialmente cruzado, ou seja, em seus cálculos de risco os Estados à margem

do TNP exerciam autocontenção, permitindo a manutenção de uma certa unidade no campo diplomático, cujo pressuposto era precisamente a racionalidade prudente da autocontenção.

12 A partir do final da Guerra Fria, países que haviam até então mantido aberta a opção nuclear resolveram, como já vimos, encerrá-la, por meio de decisões tomadas de maneiras diversas e por motivos distintos. O Brasil e a Argentina encontraram caminho próprio de transparência e fortalecimento da confiança, que culminou na criação de mecanismo formal de inspeções mútuas, abriu as instalações nucleares de ambos à supervisão internacional e permitiu a plena vigência do Tratado de Tlatelolco, que proíbe as armas nucleares na América Latina. Já a África do Sul, na esteira das transformações por que passou na transição para a democracia, destruiu sob supervisão bilateral e internacional seis artefatos nucleares explosivos construídos pelo regime do *apartheid*. Por fim, os países da ex-União Soviética que haviam "herdado" arsenais nucleares em seus territórios os desmantelaram ou os transferiram para a Rússia.

13 Esse processo foi de tal ordem que no início de 1998 permaneciam à margem do regime inter-

nacional de não-proliferação apenas Índia, Paquistão, Israel e Cuba, esta mais pelas peculiaridades de seu relacionamento com os Estados Unidos do que para resguardar uma opção nuclear vista como parte de sua segurança nacional. A despeito de sua desigualdade intrínseca, o TNP passara a constituir um dos tratados internacionais com maior número de Estados-partes — mais de 180. De fato, o fenômeno da progressiva absorção pelo TNP da quase totalidade dos Estados, combinado, em 1995, com a prorrogação por tempo indeterminado de sua vigência, pareciam haver transformado os preceitos do tratado e de seu regime no paradigma da não-proliferação. Essa noção se reforçava com a consolidação das zonas livres de armas nucleares, que, após a plena vigência dos tratados de Tlatelolco e Rarotonga, se estenderam a partir de 1996 ao continente africano (Tratado de Pelindaba) e ao sudeste asiático (Tratado de Bangkok). Esse processo aumentou a área de aplicação das garantias negativas de segurança objeto dos protocolos desses tratados e firmados pelas cinco potências nucleares. Cabe observar que o fim das campanhas de testes nucleares explosivos em 1996, ano da conclusão do Tratado de Proibição Completa de Testes Nucleares (CTBT) permitiu a assinatura de protocolos (como o de

Rarotonga) por países até então deles ausentes, como a França.

14 O CTBT, que estabelece a rejeição aos testes nucleares como uma nova norma de comportamento internacional, constitui outro desenvolvimento importante do período pós-Guerra Fria. Dos três países do "limiar" remanescentes, entretanto, apenas Israel assinou o CTBT, o que pode ser visto como uma medida de fortalecimento da confiança de sua parte de que ao menos não estaria buscando, no futuro previsível, mover-se de sua atual posição de ambigüidade nuclear para uma de maior assertividade. Já a Índia, seguida pelo Paquistão, não aceitou ter sua capacidade de testar tolhida pelo CTBT. O CTBT obteve até agora a assinatura de 150 Estados, apesar de suas limitações e imperfeições amplamente denunciadas pela Índia, como a incapacidade de efetivamente coibir o aperfeiçoamento de arsenais, por não proibir testes "subcríticos" ou virtuais e, principalmente, por sua desvinculação de um processo de desarmamento nuclear global dentro de um prazo definido. Por trás da argumentação de que o CTBT havia-se transformado em mais um instrumento de não-proliferação, cujo aporte para o desarmamento nuclear seria mínimo, se-

não nulo, a Índia deixava contudo transparecer inquietação com seu crescente isolamento no quadro político e jurídico internacional na área de desarmamento e não-proliferação nuclear.

15 O exercício explícito da opção nuclear pela Índia e em seguida pelo Paquistão por meio de testes explosivos pôs em questão o paradigma da não-proliferação conforme idealizado pelo TNP e impôs um limite na tendência à universalização do tratado. O que parecia ser a consolidação de uma unidade no campo diplomático foi desafiada pela exposição da limitação do alcance do regime do TNP. Na vigência desse regime, uma Índia e um Paquistão nuclearmente armados constituem anomalias, pois se não é possível do ponto de vista político — e, por conseguinte, jurídico — ao tratado absorvê-los em sua nova condição, tampouco é realista esperar que se desarmem para nele ingressarem como Estados não-nucleares. Sua incômoda existência questiona o paradigma, mas não é suficiente para subvertê-lo. Expõe também as falhas do regime instituído pelo TNP, em especial sua debilidade no controle multilateral do comportamento das potências nucleares no que tange ao desarmamento e à própria proliferação nuclear.

16 Apesar das obrigações constantes do artigo VI do TNP, o caminho do desarmamento nuclear é lento e cheio de percalços, sendo notória a relutância das potências nucleares de assumirem compromissos claros e inequívocos de natureza multilateral quanto à eliminação de seus arsenais. A persistência dessa situação foi amplamente demonstrada por ocasião da segunda reunião do Comitê Preparatório da Conferência de 2000 do TNP, realizada em Genebra em maio deste ano, que terminou em impasse no que tange a medidas de desarmamento nuclear. Ainda que, no âmbito dos acordos Start, EUA e Rússia estejam de fato reduzindo o número de armas nucleares em estado operacional, tais reduções não fazem parte de um programa que inclua os demais Estados possuidores e o processo Sart tampouco os compromete a eliminar completamente seus arsenais. Por sua vez, a obtenção da capacidade nuclear por parte de países como Israel e Paquistão costuma ser associada ao relacionamento desses países com potências nucleares, no caso Estados Unidos e China, respectivamente. Vale observar que uma eventual assinatura do CTBT por Índia e Paquistão não alteraria fundamentalmente sua condição de países com capacidade de possuir armas nucleares, ainda que sinalizasse um limite em seus projetos.

17 Outra característica importante dos testes de Índia e Paquistão é o fato de que estes têm em parte sua origem num contexto regional de fragmentação, representado pelo conflito que opõe os dois países desde sua criação como Estados independentes. Ainda que a Índia tenha situado sua decisão de levar adiante o programa de testes no contexto da ameaça que lhe representaria a China, não há como dissociá-la do conflito da Cachemira, sendo esse o motivo latente para o antagonismo com o Paquistão. O exercício da opção nuclear indiana e paquistanesa engendra a sublevação ao plano global desse particularismo do relacionamento entre ambos, com seus riscos e incertezas.

18 As questões que os testes nucleares indianos e paquistaneses trazem à tona dizem respeito a toda a comunidade internacional, que naturalmente se vê afetada pela expansão *de facto* do número de Estados possuidores de armas nucleares, e pelas implicações que desenvolvimentos como esses podem provocar para a segurança internacional. Apesar do questionamento do paradigma e das dificuldades que introduz para o regime internacional de não-proliferação, os testes poderão mesmo assim ter o efeito de chamar a atenção para os riscos de um sistema no qual o controle sobre a

proliferação nuclear deve conviver com a manutenção, por tempo indeterminado, de arsenais nucleares lastreados por doutrinas de uso ou ameaça de uso que em grande parte datam da Guerra Fria. Na verdade, uma vez que a totalidade dos Estados não-nucleares fazem parte do regime do TNP e os que permanecem de fora já exerceram *de facto* a opção nuclear, o foco do debate sobre como resolver o caráter discriminatório do tratado e seu regime deveria voltar-se com mais força para a questão do desarmamento nuclear — única forma de efetivamente superar o dualismo entre Estados possuidores e não-possuidores de armas nucleares, independentemente desse *status* estar ou não consagrado no tratado.

19 Diante dessa nova situação de inserção no TNP da totalidade dos Estados não-nucleares e da eliminação da ambigüidade nuclear indo-paquistanesa, a causa do desarmamento nuclear deveria ganhar ímpeto. A evolução da questão abre novas possibilidades para o posicionamento político dos Estados não-nucleares. Estes encontram-se em condições de reivindicar medidas relacionadas ao desarmamento nuclear não apenas por parte das cinco potências reconhecidas no TNP, mas também pelos três outros Estados com capa-

cidade nuclear. É esse o posicionamento assumido pelo grupo de oito países de que faz parte o Brasil em declaração emitida em 9 de junho, que procura estabelecer uma "Nova Agenda" nessa área. Por estar hoje a totalidade dos Estados não-nucleares sob a égide do TNP, já não é possível aos Estados nucleares imputar-lhes — como no passado — qualquer dupla intenção em sua insistência em medidas de desarmamento nuclear.

20 Por outro lado, os interesses especiais dos três Estados com capacidade nuclear nos futuros esforços internacionais multilaterais na área do desarmamento e da não-proliferação nuclear hoje transparecem de modo mais claro. Exemplo recente é dado pela evolução, desde os testes indianos, das posições desses países com respeito à negociação, pela Conferência do Desarmamento, de um tratado de proibição da produção de materiais físseis para fins explosivos — a matéria-prima das armas nucleares. As principais potências nucleares dispõem hoje de estoques excedentes desse material, e conseqüentemente pedem a proibição de sua produção futura — o que afetaria sobretudo os países com menores estoques. Até realizar seus testes nucleares, a Índia vinculava o início de tal negociação a medidas paralelas no

campo do desarmamento nuclear — o que era rejeitado pelas grandes potências. No entanto, após os testes de maio, segura de sua capacidade nuclear e aparentemente já detentora de estoques suficientes de materiais físseis, a Índia passou a aceitar o início da negociação sem vinculá-la a outras medidas. O ônus de resistir recaiu sobre o Paquistão, Estado com capacidade nuclear explosiva igualmente comprovada, porém supostamente possuidor de estoques de materiais físseis em níveis inferiores aos da Índia. Mesmo assim, pressionado pelos Estados Unidos, o Paquistão anunciou em agosto estar disposto a negociar, cabendo então a Israel hesitar, numa rara demonstração pública de sua condição de Estado nuclear cuja segurança poderia ser afetada por uma proibição da produção de materiais físseis para fins explosivos. É de notar que a posterior aquiescência israelense ao estabelecimento, em 11 de agosto, de comitê *ad hoc* para tais negociações não significa que aquele país delas participará com interesse.

21 Mas se uma renovada campanha em prol do desarmamento nuclear poderá ver-se politicamente favorecida por um quadro mais nítido como esse, a retenção das armas nucleares pelos Estados que as detêm segue dependendo, em última instância, do

papel que estes a elas conferem em seus cálculos de segurança. Em seu ensaio sobre as armas atômicas e a diplomacia planetária, Aron, mais uma vez, já destacava que a potência atômica ou termo-nuclear "*n'aide guère ni a régner sur les infidèles, ni a les convertir*", e que a sobrevivência de um império dependeria mais "*de la cohérence et de l'équité de l'élite impériale que des instruments de destruction, stockés dans les arsenaux*". Mesmo assim, e a despeito do fim da rivalidade bipolar, as potências não se mostram dispostas a de fato desvalorizar o papel das armas nucleares em suas doutrinas. Ao contrário, os desenvolvimentos observados desde o fim da Guerra Fria apontam para sua reafirmação, ainda que com novos matizes. Importante manifestação nesse sentido foi dada pela Rússia em 1994, ao abandonar sua antiga doutrina de "não-primeiro uso" de armas nucleares, juntando-se assim às três potências nucleares ocidentais que já se arrogavam o direito de realizar um primeiro ataque com essas armas. Os Estados Unidos e a Aliança Atlântica passaram a justificar a retenção de arsenais nucleares também para fazer frente a "novas ameaças", que incluem a possibilidade de certos Estados ou atores não-estatais virem a obter armas de destruição em massa, mesmo que a eficácia de armas nucleares como fator de dissuasão contra esse tipo de ameaça seja altamente questionável. Por fim, talvez a mostra mais eloqüente de que a utilidade das armas nucleares segue sendo percebida e reconhecida no pós-Guerra Fria seja — ironicamente — a própria realização dos testes indianos, vistos por seus idealizadores como necessários ante a capacidade nuclear da China.

22 Não deixa de ser algo paradoxal que o fim da Guerra Fria e uma maior clareza quanto ao posicionamento dos Estados frente ao regime de não-proliferação — o que deveria facilitar o encaminhamento do desarmamento nuclear — sejam acompanhadas de percepções e doutrinas que na verdade ajudam a perpetuar a suposta necessidade de alguns Estados seguirem possuindo armas nucleares. O último desenvolvimento no quadro geo-estratégico global — a nuclearização da Ásia meridional — demonstra a relevância da posse de armas nucleares no cálculo de um país como a Índia, que tinha o desarmamento nuclear como um dos alicerces de seu posicionamento internacional. Além das considerações de política interna do momento, o quadro estratégico asiático em nível mais amplo terá contribuído para a decisão do primeiro-ministro Vajpayee de realizar a série de testes nucleares.

23 De fato, a situação na Ásia, com a China, grande beneficiária da desagregação da União Soviética, em franca ascensão; a península coreana ainda dividida como último resquício da Guerra Fria; e o Japão em crise, já era complexa e tensa antes dos testes indianos e paquistaneses. Estes introduzem um novo dado na equação de poder, com o perigo adicional de ambos países viverem uma situação de conflito bilateral na Cachemira. Além disso, as implicações do novo *status* indiano e paquistanês podem e já estariam extrapolando a região e influindo em outra zona de tensão: o Oriente Médio. O recente teste pelo Irã de míssil de longo alcance passa a ser visto nesse novo contexto, e influi também nos cálculos de risco de Israel, uma vez que sua alçada de vôo incluiria Tel Aviv, e sem dúvida nos da Turquia, rival regional do Irã na projeção de influência no ex-império soviético da Ásia central. Ainda que não receba reverberações diretas dos desdobramentos da nova situação criada pelos testes na Ásia meridional, a Europa, uma das grandes regiões geoestratégicas do planeta, não deixa de se ver afetada, pois a situação na Ásia meridional pode ter conseqüências também para a Rússia, cuja crônica instabilidade segue sendo percebida como ameaçadora.

24 Como única potência verdadeiramente global no mundo contemporâneo, os Estados Unidos evidentemente não vêem com bons olhos os testes indianos e paquistaneses e o potencial de desestabilização que encerram. O próprio aumento no número de Estados detentores da capacidade nuclear é motivo de preocupação, não apenas pela ampliação física e *de facto* do clube nuclear, mas também pela introdução de armas nucleares em um novo contexto estratégico, sujeito a uma racionalidade que pode vir a ser distinta daquela que até hoje se aplica às hipóteses de uso dessas armas. No mundo bipolar regido pela dissuasão estratégica, ambos os lados operavam com base no mesmo cálculo de racionalidade — ou irracionalidade. Já num contexto em que os cenários de uso dessas armas tornam-se mais difusos e sujeitos a contingências de conflitos entre Estados rivais regionais, tal cálculo pode mostrar-se distinto — e mais imprevisível.

25 Em suma, e retornando ao ponto de partida desta exposição, que foi a assinatura presidencial dos instrumentos pelos quais o Brasil se insere definitivamente no regime internacional de não-proliferação, é importante frisar que, nesse novo quadro global criado após os testes indianos e

paquistaneses em que o paradigma da não-proliferação é posto em questão, Brasil e Argentina — e a região latino-americana como um todo — aparecem não apenas como havendo resolvido exemplarmente suas questões de segurança, mas também como fora dos focos de tensão e instabilidade do pós-Guerra Fria. Com efeito, dentre os países de dimensões continentais e forte contingente populacional — Estados Unidos, Rússia, Índia, China e Brasil — nosso país é o menos afetado pelos testes. Isto não ocorre tão-somente em razão do distanciamento físico da região, mas também pela opção em favor do regime internacional de não-proliferação, que reforça nossas credenciais para seguir reivindicando, com toda a legitimidade e sem falso propósito, a eliminação completa das armas nucleares.

## IV

26 Para concluir esta exposição no plano de uma reflexão mais abrangente, diria que, ao arrematá-la, vale a pena recorrer à "lição dos clássicos". Estes nos oferecem três leituras possíveis da realidade internacional. A leitura maquiavélico-hobbesiana, que é a do "realismo do poder", ao enfatizar a

inevitabilidade do conflito no sistema internacional, realça a precariedade constitutiva da ordem mundial. Por isso trabalha permanentemente com a prevalência da recorrente dicotomia guerra/paz. A leitura grociana, em contraste, aponta a existência de um potencial de sociabilidade e solidariedade no plano internacional. Por isso, sem desconsiderar o onipresente risco de conflito, parte do pressuposto que em função da racionalidade e da reciprocidade dos interesses existe a possibilidade de uma cooperação efetiva entre os Estados. Por esse motivo, a sociedade internacional comporta a interação organizada e a dinâmica das relações internacionais não é, inapelavelmente, um jogo de soma-zero, ensejando a gestão pacífica dos conflitos. Finalmente, a leitura kantiana insere a possibilidade da presença operativa, no sistema internacional, de uma razão abrangente da humanidade, no encaminhamento de "temas globais" como, por exemplo, paz e meio ambiente.

27 A realidade internacional contemporânea tem componentes maquiavélico-hobbesianos, grocianos e kantianos. Por isso não se deixa subsumir, na sua inteireza, por nenhum dos "universais" propostos por cada uma destas três leituras. Precisamente porque os "universais" são fugidios, a tarefa

do analista e do *policy-maker* é, como venho realçando, a de fazer um juízo reflexivo, à maneira de Hannah Arendt, para identificar o componente predominante em cada situação concreta do campo diplomático. Qual é, assim, o juízo reflexivo que deve nortear a política externa do Brasil em matéria de desarmamento e segurança?

28 Precisamente porque não está no centro das tensões internacionais, o Brasil, a partir de sua inserção geográfica no mundo, pode realisticamente fazer, sem maiores riscos, no campo da segurança, uma aposta na leitura grociana, com temperos kantianos da problemática do desarmamento nuclear. Esta aposta é coerente com o sentido geral da política externa do nosso país no mundo pós-Guerra Fria.

29 Com efeito, no mundo das polaridades definidas Leste/Oeste, Norte/Sul, a política externa brasileira construiu o tema do interesse nacional, como lembra Gelson Fonseca Jr., através da autonomia pela distância — distância que, inclusive, passava pela não-participação no regime de não-proliferação nuclear. A autonomia pela distância tinha como uma de suas notas básicas uma inserção controlada no sistema internacional. A

inserção controlada representava, na época, inclusive em matéria de segurança, uma aposta viável para um país continental, relativamente fechado sobre si mesmo, que não tinha, na sua agenda internacional, componentes hobbesianos de conflito e rivalidade que peculiarizavam a política externa de outros países de escala continental como a China e a Índia.

30 A transformação da dinâmica de funcionamento do sistema internacional, trazida pelo fim da bipolaridade, tornou obsoleta esta opção. De fato, a diluição entre o "interno" e o "externo", intensificada pela lógica da globalização; a redefinição do campo da legitimidade que é delimitadora do espaço da proposição para um argumento "do contra" de poucos, indicam que não existe desenvolvimento — tema básico, explícito da diplomacia brasileira desde a Revolução de 1930 — em isolamento. Por isso, só podemos defender o interesse nacional construindo, na fórmula de Gelson Fonseca Jr., a autonomia pela participação. A autonomia pela participação — especialmente na área de segurança — significa, nas palavras do presidente Fernando Henrique Cardoso, estar presente na mesa de negociação. O acesso à mesa de negociação, para o Brasil, re-

quer o investimento no *soft-power* da credibilidade e da confiabilidade. Este investimento o Brasil vem fazendo e reforçou ao se vincular ao regime da não-proliferação. Este investimento é do nosso interesse, além de ter, igualmente, um alcance do ponto de vista de uma razão mais abrangente da humanidade.

31 Com efeito, ainda que a América do Sul esteja fora dos grandes eixos de tensão e de conflito do mundo pós-Guerra Fria — e eles são muitos, como procurei apontar nesta exposição — o seu agravamento pode, no entanto, afetar-nos e comprometer o esforço em que estamos engajados e que visa a uma inserção no mundo para propiciar a prosperidade e a redução das desigualdades econômico-sociais que nos afligem. Neste sentido, queremos e precisamos de um mundo em paz. Esta é, pois, mais uma razão para continuarmos a buscar participação ativa nos foros globais, desempenhando, sempre que possível, um papel construtivo na articulação dos consensos que favoreçam o controle, a redução e a eliminação das armas nucleares e dos riscos que trazem para todos.

*Genebra, 1998*

# Direitos Humanos

# A ONU E OS DIREITOS HUMANOS

## I

É com grande honra e satisfação que venho associar-me às atividades promovidas pela USP com vistas a celebrar os cinqüenta anos da Carta da ONU.

Uma celebração dos cinqüenta anos pode ensejar vários tipos de análise. Uma diz respeito a sua origem histórica. Neste sentido, cabe observar que a Carta tem como fonte a vitória militar. É um "direito novo", fruto do resultado da Segunda Guerra Mundial. Representa uma nova tentativa, depois do insucesso do Pacto da Sociedade das Nações, de "constitucionalizar" as relações internacionais, ou seja, de conferir estabilidade ao sistema internacional, delimitando juridicamente o exercício do poder. Em outras palavras, a Carta de São Francisco tem como objetivo civilizar o anárquico "estado de natureza" da guerra de todos contra todos, que o "realismo" da visão maquiavélico-hobbesiana identifica como sendo a característica definidora da vida internacional. É por conta desta anarquia que, no sistema internacional, a guerra é o termo forte, pois a paz é usualmente definida como a ausência de guerra.

A guerra, apesar de caracterizar, desde tempos imemoriais, a vida internacional, é uma situação-limite. Representa a abolição, durante a sua vigência, de um dos mais antigos tabus da espécie humana — a proibição do homicídio, base do direito à vida, hoje considerado o mais intangível dos direitos humanos. Com efeito, a guerra converte a ação de matar outros seres humanos não apenas em algo permitido e legitimado, como também em algo comandado. É esta exceção ao mandamento do "não matarás" que insere a guerra na agenda ética do problema do mal no mundo. Com efeito, considerando-se, como sugere Bobbio, as duas dimensões do mal — o mal ativo, associado à vontade de poder, à prepotência, ao exercício da violência em todas as suas formas, e o mal passivo, que se refere à perspectiva das vítimas, que sofrem uma pena sem culpa —, pode-se dizer que a guerra representa a combinação destas duas dimensões do mal em grande escala. Não é por acaso que "projetos de paz", como o do *abbé* de Saint-Pierre, ou o de Kant, foram elaborados depois de guerras européias. Não é igualmente por acaso que a perspectiva das vítimas de guerra, a perspectiva *ex parte populi*, introduzida na agenda política pelos processos de democratização, tenha levado a diversas formas de pacifismo.

A carta da ONU exprime este anseio de paz. Almeja, como diz o seu preâmbulo, preservar "as gerações futuras do flagelo da guerra". Por isso propõe delimitar, através das técnicas da convivência social engendradas pela teoria jurídica, o exercício do poder dos Estados-soberanos, desencadeador da violência da guerra. Na elaboração de um "direito novo", a Carta levou em conta o que foi a destrutividade técnica dos instrumentos bélicos da Segunda Guerra Mundial, inclusive a bomba atômica, e a experiência do totalitarismo, que patrocinou os campos de concentração e o holocausto. Em síntese, um dos antecedentes do "direito novo" foi a escala sem precedentes do mal ativo e passivo. Daí o ter contemplado a perspectiva das vítimas do mal com uma preocupação com os direitos humanos. Estes foram considerados no preâmbulo e nos artigos 1°, § 3°; 13, § 1b; 55, c; 56; 62 § 2°; 64; 68; 73; 76,c — o que significa uma abrangência da Carta da ONU nesta matéria, que contrasta com o mais modesto articulado do artigo 23 do Pacto da Sociedade das Nações.

Assim, se é sem dúvida pertinente, nessa celebração da Carta da ONU, indagar o quanto vem contribuindo para a diminuição da violência e para a afirmação da paz no mundo, não é irrelevante discutir como, enquanto parte deste processo, vem favorecendo a afirmação dos direitos humanos. Este será o foco da minha análise, e o ponto que quero desde já ressaltar é que este favorecimento contribui para instigar a convergência da Ética e da Política no plano internacional. Ressalvo, no entanto, que a promoção desta convergência tem a limitação institucional que deriva do fato da ação da ONU caracterizar-se pela ação de um *tertius* que não é um governo — um poder comum — mas sim uma instância de interposição num sistema interestatal.

São assim os méritos mas também os limites desta instância de interposição que vou discutir hoje, atendendo ao convite que me foi formulado. Este responde aos meus anseios, posto que, ao atendê-lo, estou em consonância com minha reflexão acadêmica sobre os direitos humanos, desenvolvida enquanto professor desta universidade; com a minha modesta, mas sincera, militância no campo dos direitos humanos no período do regime autoritário; com meus esforços nesta área quando me coube, em 1992, dirigir o Itamaraty, e com as minhas atuais responsabilidades, como chefe da Missão Permanente do Brasil em Genebra, que abrange, entre suas tarefas, o acompanhamento das atividades da Comissão de Direitos Humanos.

## II

Antes de recapitular as conquistas alcançadas no âmbito das Nações Unidas referentes aos direitos humanos e propor uma avaliação, parece-me conveniente tecer algumas considerações preliminares sobre a evolução da questão dos direitos humanos no plano interno dos Estados e no plano internacional.

Como já tive ocasião de assinalar em outras oportunidades, a evolução da problemática dos direitos humanos se deu de forma distinta nesses dois planos.

No plano interno, a primeira afirmação histórica conseqüente da noção de direitos humanos, como se sabe, dá-se no século XVIII, com as revoluções Americana e Francesa. Trata-se de uma verdadeira inovação em relação aos modos tradicionais de pensar a política. Até então a preocupação predominante dos pensadores políticos era com o bom governo. A tirania havia, por certo, sido condenada por vários autores, e meios para se evitá-la já haviam sido examinados, entre eles a divisão de poderes. A ótica, no entanto, era a dos governantes. A população governada era considerada como um conjunto de súditos com uma série de deveres com relação ao Estado. As duas revoluções inauguram a época da perspectiva dos governados, a da plena legitimação da visão *ex parte populi*. Assiste-se, como registra Bobbio, à substituição da ênfase na noção de dever dos súditos pela da promoção da noção de direitos do cidadão. Daí, nas palavras de Hannah Arendt, a idéia do "direito a ter direitos", que estará na base da construção dos regimes democráticos da Idade Contemporânea. O poder do governante — ou a soberania ilimitada, no plano interno, — passa a ter limites. A *raison-d'État* é contida. Abre-se uma nova possibilidade de favorecer a convergência entre a Ética e a Política, num regime que tem como regra básica, na fórmula de Bobbio, a idéia de que é melhor "contar cabeças do que cortar cabeças".

Não caberia aqui historiar as vicissitudes do processo de difusão do regime democrático, fundado no respeito aos direitos humanos, e de seu progressivo reconhecimento, no âmbito dos Estados, como aquele que melhor corresponde às expectativas do ser humano, considerado como ente dotado de dignidade e singularidade. Nem caberia, tampouco, reprisar a evolução que leva, no âmbito do território dos estados-soberanos, a uma expansão do conceito de direitos humanos, dos direitos civis e políticos, considerados de primeira geração e representativos da herança liberal, aos direitos econômicos, sociais e culturais, considerados de segunda geração e representativos da herança socialista. O que importa é deixar claro que o surgimento e o triunfo da idéia de direitos humanos na esfera doméstica dos Estados se inserem em um longo processo de amadurecimento de concepções de natureza ética, centradas nos conceitos de dignidade humana e de universalidade do ser humano, acima de quaisquer particularismos.

No plano internacional a evolução foi diversa, mais lenta, e não ocorreu paralelamente, como veremos, à que se verificou no plano interno, tendo obedecido a uma lógica própria. Antes de resumir essa evolução, porém, conviria, para entendê-la, evocar brevemente os três paradigmas clássicos de convivência internacional sistematizados por Martin Wight: o hobbesiano-maquiavélico, o grociano e o kantiano.

O paradigma hobbesiano-maquiavélico, que a Carta da ONU procura superar, considera que a sociedade internacional se caracteriza ainda pelo "Estado de Natureza", ou seja, pelo estado de guerra de todos contra todos. Como não existe, no plano internacional, diferentemente do que ocorre no interior dos Estados, um poder unificado, não há como solucionar o problema da anarquia dos significados que, no plano interno, é resolvido pelo poder soberano. Por isso, para Hobbes, como precursor do positivismo jurídico, o direito é comando, não sabedoria. Daí a plenitude sem limites da soberania dos Estados e a convicção de que a única lei do sistema internacional é a da sobrevivência. Assim, as regras básicas da vida internacional são a prudência e o expediente pois a política internacional é tão somente a política do poder.

Em contraposição a este paradigma, o modelo da convivência que remete a Grócio pressupõe a existência, na sociedade internacional, de um potencial de sociabilidade e solidariedade que torna possível conceber a política internacional como um jogo que não é, inapelavelmente, de soma-zero. Decorre desta premissa o efetivo papel desempenhado pelo sistema jurídico do Direito Internacional Público, pelas organizações internacionais, e a valorização do transnacionalismo dos atores não-governamentais, expressão da interdependência e da cooperação, ou seja, de um abrangente processo do interesse recíproco dos Estados e de suas populações. A Carta da ONU, assim como antes dela o Pacto da Sociedade das Nações, contém importantes ingredientes grocianos.

O terceiro paradigma, que haure sua inspiração em Kant, considera possível ir além do modelo grociano de cooperação interessada, admitindo a inserção operativa da razão abrangente do ponto de vista da humanidade. Este encontra a sua expressão, para usar a terminologia contemporânea, nos assim chamados "temas globais". O primeiro tema global, juridicamente consagrado pelo Pacto da Sociedade das Nações, que tem, assim, um ingrediente kantiano, é o problema da paz reconhecida como algo que diz respeito não apenas aos países diretamente envolvidos num conflito mas a todos os membros da Liga das Nações (artigo 11).

Os direitos humanos — e aqui adianto a minha conclusão — tornaram-se, com base na Carta, no mundo pós-Guerra Fria, um "tema global" à maneira kantiana. Representam o reconhecimento axiológico do ser humano como fim e não meio, tendo "direito a um lugar no mundo", um mundo que encontra um terreno comum entre a Ética e a Política através da associação convergente de três grandes temas: direitos humanos e democracia no plano interno, e paz no plano internacional.

O aparecimento dos direitos humanos como móvel de iniciativas no sistema internacional não se deu, no entanto, em função da prevalência da ética kantiana no campo da política internacional. Ao contrário, esta permaneceria muito mais compreensível pelo modelo hobbesiano-maquiavélico, caracterizado pelo choque de interesses das diferentes soberanias, ainda que temperado pelo modelo grociano de cooperação. Existe, no entanto, neste final de milênio, um horizonte kantiano, e é justamente como se consegue hoje vislumbrar este horizonte no plano internacional, em função da Carta da ONU, o que me proponho discutir nesta exposição.

## III

Uma das primeiras ações internacionais de escopo universal, no século XIX, em nome dos direitos humanos, foi a da Inglaterra no combate ao tráfico de escravos. A iniciativa inglesa de eliminar o tráfico de escravos deveu-se à necessidade de suprimir práticas — a escravidão e o tráfico — incompatíveis com o nível de modernidade econômica e política alcançado por aquele país. A atuação internacional, embora fosse ao encontro dos anseios de grupos de humanistas inspirados eticamente — que fundaram, em 1839, em Londres, a Sociedade contra a Escravidão, uma das primeiras ONGs voltadas para a promoção dos direitos humanos — atendia também a interesses nacionais ingleses.

A outra ação internacional de escopo universal ligada aos direitos humanos, no século XIX, foi a iniciativa de Henri Dunant — um comerciante de Genebra que testemunhou os horrores da batalha de Solferino — de organizar uma conferência internacional sobre os direitos das vítimas de conflitos armados. Desta iniciativa resultou a Primeira Convenção de Genebra (1864), que positiva o Direito Humanitário, bem como a criação da Cruz Vermelha. Esta foi concebida como uma ONG independente e apolítica, agindo no plano internacional como uma instância de interposição neutra, na área humanitária, voltada para a proteção e assistência das vítimas militares e civis do mal dos conflitos internacionais, das guerras civis e das tensões internas geradas pela violência.

Nesse caso, o interesse dos Estados em assinar a Convenção encaixa-se também na perspectiva grociana, dos interesses comuns em disciplinar o uso da força, ainda que a motivação do criador da Cruz Vermelha tenha sido eminentemente ética. O mesmo se aplica à assinatura, por alguns Estados — entre os quais o Brasil — da Declaração de São Petersburgo, de 1868, sobre balas explosivas, que está na origem do outro ramo do Direito Positivo Humanitário, o chamado ramo de Haia, interessado em restringir os meios usados em guerra para evitar ao máximo o sofrimento humano.

Ainda no século XIX, testemunhamos o desenvolvimento de princípios como o direito dos Estados de exercerem proteção internacional em relação a seus nacionais, desenvolvimento ligado à expansão internacional do capitalismo, e o instituto da *intervenção de humanidade*, segundo o qual os Estados têm o direito de intervir em favor dos nacionais de outros Estados que estejam sendo vítimas de violações flagrantes e atrozes dos direitos humanos. Este princípio foi aplicado, por exemplo, pelos ingleses, em favor dos gregos, em 1830. Embora resultassem em proteção aos seres humanos, tais princípios eram aplicados seletivamente e à luz de outras considerações. A intervenção de humanidade era — e ainda é — por isso mesmo, um princípio polêmico à luz do Direito Internacional.

Com o século XX, a primeira iniciativa marcante na área internacional referente aos direitos humanos é a criação, pelo Tratado de Versalhes, da Organização Internacional do Trabalho, vinculada à Sociedade das Nações, aberta ao transnacionalismo da representação operária e patronal, e destinada a harmonizar, em nível adequado, as condições de vida dos trabalhadores. Embora importantíssima para a consolidação dos direitos dos trabalhadores, a fundação da OIT deveu-se, em boa medida, à necessidade de dar-se uma resposta à inquietação operária e ao desafio da Revolução Bolchevista, bem como de evitar que discrepâncias muito grandes entre os custos da mão-de-obra trouxessem prejuízos ao comércio exterior dos países onde os direitos sociais já haviam conhecido importantes avanços.

A própria criação da Sociedade das Nações, após o término da Primeira Grande Guerra, constitui um desenvolvimento relevante na área de direitos humanos. Com efeito, o desmembramento dos grandes impérios multinacionais (austro-húngaro, otomano e russo) e a afirmação do princípio das nacionalidades como critério básico da legitimidade internacional dos Estados, suscitou dramaticamente, em estados de população heterogênea, o problema das minorias e dos refugiados — problema cujo potencial de ameaça à paz configurou-se como ponderável. A Sociedade das Nações, por isso mesmo, tutelará as minorias e cuidará dos refugiados cujo aparecimento em larga escala, como vítimas do mal no mundo, foi revelador de uma inesperada dissociação, não prevista pelo modelo da Revolução Francesa, entre os direitos dos homens e os direitos dos povos. Ademais, o Pacto da SDN, embora não contendo cláusulas específicas de direitos humanos, menciona, no seu artigo 23, certas obrigações relativas às condições de trabalho, ao tratamento equitativo às populações indígenas e ao tráfico de mulheres e crianças.

No tocante às minorias e aos refugiados, ou seja, às questões relacionadas a direitos humanos que foram objeto de atenção especial pela SDN, a preocupação maior, entretanto, era com a criação de condições capazes de evitar que crises relacionadas a esses dois problemas atingissem níveis que pusessem em risco a paz internacional. Neste sentido, a paz que a SDN procurou assegurar, com ingredientes basicamente grocianos, assemelhava-se mais a uma paz sinônima de ausência de guerra.

## IV

Foi necessária a catástrofe da Segunda Guerra Mundial para que os direitos humanos passassem a receber, no sistema internacional, no "direito novo" criado pela Carta da ONU, uma abordagem distinta daquela com a qual vinham sendo habitualmente tratados. Os desmandos dos totalitarismos que aterrorizaram vários países da Europa e que levaram ao megaconflito haviam consolidado a percepção kantiana de que os regimes democráticos apoiados nos direitos humanos eram os mais propícios à manutenção da paz e da segurança internacionais. Daí a necessidade de apoiar em normas internacionais o ideal dos direitos humanos. Sobretudo, insinua-se, entre os líderes democráticos, a percepção de que os direitos humanos não podem mais constituir matéria do domínio exclusivo dos Estados e que algum tipo de controle internacional faz-se necessário para conter o mal ativo e passivo prevalecentes no mundo. Trata-se, à luz do que tinha sido o horror da guerra e o horror do holocausto, da incorporação da idéia kantiana do direito à hospitalidade universal, sem o qual nenhum ser humano pode, diante da soberania estatal, sentir-se à vontade e em casa no mundo.

Já durante a Segunda Guerra, nos exercícios de reflexão sobre a futura organização internacional, que acabariam levando à criação da Organização das Nações Unidas, essas preocupações estavam presentes entre os líderes das democracias ocidentais, apesar de associadas também a considerações de *Realpolitik*.

Nesse contexto, havia o problema da União Soviética, aliado fundamental no esmagamento do nazi-fascismo. A participação da URSS na nova organização mundial era fundamental para que esta pudesse revelar-se de alguma utilidade, enquanto órgão destinado à manutenção da paz. Como convencer um regime, inequivocamente totalitário no longo consulado de Stalin, a endossar documentos que promoviam valores incompatíveis com a sua natureza? Essa era uma das questões fundamentais que se colocavam.

A saída para essa dificuldade, na prática, beneficiou-se do fato de que a União Soviética, a essa altura, já havia desenvolvido sua própria concepção de direitos humanos, caracterizada por uma interpretação própria dos direitos civis e políticos e por uma ênfase nos direitos econômicos e sociais. Isto permitiu que se adotassem, muitas vezes, documentos consensuais contendo uma linguagem aceitável para todos, cuja leitura era, entretanto, diversa. É o que podemos ver na Declaração das Nações Unidas, de 1942, nos documentos de Dumbarton Oaks e na própria Carta de São Francisco.

A Carta da ONU representa a concretização das aspirações acima referidas, imprimindo um teor ético à futura organização, em que pesem as motivações nem sempre de cunho ético que estão na sua origem e as divergências de interpretação a que seus dispositivos se prestavam. Esse teor ético — cujo potencial de realizações esteve longamente limitado pela confrontação ideológica — vincula-se a valores como a paz, enquanto valor positivo, que vai além da mera ausência de guerra, abrangendo os direitos humanos, a democracia, a tolerância, a cooperação e a legitimação da aspiração pelo desenvolvimento econômico. Como já foi dito, a Carta contém diversas referências aos direitos humanos. Consagrava, por outro lado, no artigo 2º, § 7º, o princípio da não-ingerência em assuntos da competência interna dos Estados, o que deu origem a divergências de interpretação quanto à legitimidade de um envolvimento mais ativo das Nações Unidas na área dos direitos humanos.

A consagração do princípio da não-ingerência — embora matizada pela exceção atribuída às medidas tomadas pelo Conselho no cumprimento de suas responsabilidades na manutenção da paz e da segurança internacionais ao amparo do Capítulo VII — confirmava a força dos elementos hobbesianos nas relações internacionais. Tratava-se aí, é bem verdade, de um realismo defensivo, que partia daqueles Estados mais fracos, que temiam o uso de motivações elevadas para a promoção dos interesses de Estados mais poderosos e viam na soberania sua melhor proteção.

A convivência de dispositivos contraditórios permitiu, no entanto, no marco da Carta que, ao mesmo tempo que foram sendo equacionados, de uma forma ou outra, os conflitos do poder, se encaminhasse um marco normativo de cunho grociano, mas afeito, como *vis directiva*, aos ideais kantianos.

Conviria também lembrar, nesse sentido, que o artigo 2°, § 7° da Carta adotou, em matéria de jurisdição interna dos Estados, em contraposição ao artigo 15, § 8° do Pacto da Sociedade das Nações, uma formulação mais dinâmica e aberta à evolução do Direito Internacional. Assim, ao invés de referir-se à "competência exclusiva", como fez o Pacto, a Carta referiu-se a assuntos que dependem essencialmente de jurisdição interna do Estado, o que, como assinalou Lauterpacht, permitiu, sob a égide da Carta de São Francisco, ao Direito Internacional, ir ampliando progressivamente sua esfera de normatividade.

Dada a confrontação ideológica que caracterizou o mundo bipolar da Guerra Fria, a evolução das deliberações sobre os direitos humanos, no seio das Nações Unidas, veio a refletir a diversidade de concepções relativas aos direitos humanos entre os países do bloco ocidental, herdeiros da tradição liberal e paladinos dos direitos civis e políticos por um lado, e os países do bloco comunista, cuja bandeira inspirada pela tradição socialista eram, como vimos, os direitos econômicos e sociais. Se considerarmos os princípios da Revolução Francesa, podemos dizer que os primeiros se articulam em torno da noção de liberdade, os segundos em torno da noção de igualdade.

O movimento da descolonização, a luta contra o racismo e o *apartheid*, vieram demonstrar a distância entre a teoria e a prática nos territórios sob colonização européia, dando ensejo, graças, em especial, às pressões dos países em desenvolvimento, à afirmação do direito de titularidade coletiva, de auto-determinação dos povos, contemplado na Carta (art. 1º, § 2º). Desta mobilização dos países do Terceiro Mundo, articulados no Grupo dos 77, foram emergindo novas categorias de direitos, de expressão mais coletiva, os assim chamados direitos de terceira geração, entre os quais avultam o direito ao desenvolvimento, o direito à paz, e o direito ao patrimônio comum da humanidade, cuja origem pode ser identificada, para voltar à matriz axiológica da Revolução Francesa, ao princípio de fraternidade.

## V

A Comissão de Direitos Humanos (CDH), criada em 1946, tendo como pano de fundo o segundo pós-guerra, concebeu uma estratégia de atuação da ONU na área de direitos humanos sob o conceito da Carta Internacional dos Direitos Humanos, que compreendia a elaboração de uma Declaração Universal, de uma Convenção de Direitos Humanos e o estabelecimento de "medidas de implementação".

Não houve dificuldades intransponíveis para se dar o primeiro passo, ou seja, para a elaboração da Declaração Universal, adotada em 1948 na Assembléia Geral, por 48 votos a favor e oito abstenções. A Declaração, não sendo mandatória, representou uma nova *vis directiva*. Além dos direitos civis e políticos, incorporou os direitos econômicos, sociais e culturais, e constituiu uma manifestação clara de repúdio aos regimes totalitários.

Em contraste com a facilidade de obtenção desse texto fundamental, ainda que representando uma *soft law*, a negociação da Convenção — um instrumento internacional de caráter vinculante — revelou-se problemática. Não tardou muito para que os representantes governamentais se dessem conta de que o caminho mais apropriado seria a elaboração de dois instrumentos ao invés de um. Os trabalhos preparatórios dos textos que se transformariam nos dois Pactos, um sobre Direitos Civis e Políticos, juntamente com o Protocolo Opcional estabelecendo o direito de petição individual, outro sobre Direitos Econômicos, Sociais e Culturais, se estenderam no tempo e os textos só foram adotados pela Assembléia Geral em 1966. Além das divergências ideológicas entre os ocidentais e o bloco socialista, vieram compor as dificuldades da negociação as perspectivas e aspirações do Terceiro Mundo, que acrescentaram uma dimensão Norte/Sul às discussões, além da dimensão Leste/Oeste.

Os dois pactos foram, como vimos, finalmente abertos à assinatura em 1966. Só em 3 de janeiro de 1976, entretanto, haviam reunido um número suficiente de ratificações para poder entrar em vigor. A demora dos Estados em ratificar os instrumentos deveu-se, em boa parte, à relutância em submeter à supervisão internacional, ainda que pouco intrusiva — pelos órgãos de monitoramento dos tratados — sua situação interna no tocante aos direitos humanos.

Os Estados assumem dois tipos de obrigação ao aderirem aos pactos. No tocante ao Pacto sobre Direitos Civis e Políticos, a obrigação dos governos é basicamente — mas não só — abstencionista. No que respeita ao Pacto sobre Direitos Econômicos, Sociais e Culturais, a obrigação é de adotar medidas para obter progressivamente (*achieve progressively*) a realização desses direitos. Poderíamos falar, no primeiro caso, de obrigações de resultado e, no segundo, obrigações de comportamento.

Consumava-se, assim, o projeto de uma Carta Internacional dos Direitos Humanos, integrada pela Declaração de 1948 e pelos dois pactos.Ao lado desses instrumentos centrais, a estrutura normativa atual de direitos humanos, no quadro das Nações Unidas, é integrada também por diversas convenções, como a Convenção sobre a Prevenção e a Punição do Crime de Genocídio, a Convenção sobre o *Status* dos Refugiados, a Convenção Internacional sobre a Eliminação de todas as Formas de Discriminação Racial, a Convenção sobre a Eliminação de todas as Formas de Discriminação contra a Mulher, as Convenções sobre Escravidão (a primeira das quais remonta a 1926), a Convenção contra a Tortura e outros Tratamentos ou Punições Cruéis, Desumanos ou Degradantes e, mais recentemente, a Convenção sobre os Direitos da Criança.

À atividade normativa da ONU, sucintamente resenhada, que teve o mérito de conferir hierarquia e prioridade axiológica ao tema dos Direitos Humanos no plano internacional, a CDH veio a instituir gradativamente um sistema de controle das violações de direitos humanos em todo o mundo. Esse sistema demorou a ser montado, devido à autodenegação imposta pela comissão, reflexo da resistência da maior parte dos Estados em permitir a um órgão internacional atuar em área tradicionalmente reservada à jurisdição doméstica. Somente em 1967, a Comissão passa a examinar violações de direitos humanos, dando início — no vocabulário de alguns estudiosos — a sua fase intervencionista, por oposição à anterior chamada de abstencionista. Naquele ano, o Conselho Econômico e Social (Ecosoc) adota a Resolução 1.235, que inscreve na agenda da CDH um item sobre as violações dos direitos humanos, o que permite à Comissão de Direitos Humanos monitorar a situação na África do Sul, dando início aos procedimentos ostensivos. Em 1969, a situação dos territórios árabes ocupados por Israel também passa a ser objeto do acompanhamento da CDH. Nesses dois casos, a atuação da CDH originou-se de iniciativa dos não-alinhados e focalizou situações ligadas ao colonialismo e à ocupação territorial proveniente de conflito bélico.

Deve-se mencionar, ainda, o chamado Procedimento Confidencial, criado pela Resolução 1.503 do Ecosoc, de 1970, que comporta várias etapas, com base no exame *in camera* de comunicações recebidas pelo secretário-geral que pareçam revelar um padrão consistente da violação dos direitos humanos. Somente em 1975, quando passa a examinar a situação no Chile, é que a CDH começa a controlar situações de violação de direitos humanos desvinculadamente de um contexto de "seletividade intervencionista", ou seja, dos fatores inequivocamente políticos que incidem na dinâmica do funcionamento do sistema internacional. Com efeito, o Grupo de Trabalho Especial sobre a Situação dos Direitos Humanos no Chile, do regime de Pinochet, caracterizado por violação maciça dos direitos humanos no âmbito interno de um Estado, representou a base do primeiro grande precedente, que rompeu efetivamente com a idéia de um domínio reservado da soberania dos Estados em matéria de direitos humanos. Os países não-alinhados, ao aprovar a iniciativa, foram além de sua posição, até então restrita ao anti-racismo e ao anticolonialismo; o bloco socialista, ao aceitá-la, admitiu uma acomodação tática de sua tradicional postura de defesa intransigente da noção clássica de soberania e os países ocidentais transcenderam, no caso, os seus interesses no campo econômico e estratégico. Daí a abertura do caminho para a criação de novos mecanismos de controle ostensivo que representam, através da instância de interposição que é a ONU, a inauguração do ponto de vista da humanidade, ou seja, do início do efetivo exame, perante o comum de um auditório universal, da legitimidade das condutas internas e internacionais das soberanias. Posteriormente, diversos países são examinados pela CDH. Mais tarde, já na década de 80, surgem os mecanismos temáticos (desaparecimentos forçados, execuções sumárias, torturas, intolerância religiosa) que se somam, complementando, os que focalizam um determinado país.

Este impressionante arcabouço, a maior parte do qual logrado apesar da confrontação ideológica e no qual se inseriram as preocupações e anseios do Terceiro Mundo, que soube aproveitar as brechas existentes no sistema bipolar, não impediu, contudo, que uma visão seletiva dos direitos humanos, reflexo da bipolaridade, continuasse a prevalecer. Essa visão seletiva, em razão de dar margem a manipulações políticas consideráveis, não era propícia a encorajar o respeito dos direitos humanos em sua integralidade. Essa situação favorecia uma certa hierarquização dos direitos. O fato de um país pertencer a um dos blocos levava-o a aplicar e a promover seletivamente determinada categoria de direitos e a negligenciar a observância de outras. Os países em desenvolvimento, por seu turno, utilizavam o atraso econômico como justificação de violações de direitos humanos em seus territórios.

## VI

A mais importante mudança no sistema internacional, depois da Segunda Guerra Mundial, foi o fim da Guerra Fria, cujo evento-matriz, emblemático do novo, foi a queda do Muro de Berlim. Esta mudança ocorreu ao largo e independentemente da Carta da ONU que, assim, não teve um papel-chave na configuração do atual cenário mundial.

Teve, no entanto, inversamente, efeito direto no funcionamento do multilateralismo ao liberar as Nações Unidas da hipoteca da confrontação ideológica.

Daí, diga-se de passagem, a recolocação na ordem do dia da reforma da Carta, que vem tendo seu foco principal — devido ao papel central do Conselho de Segurança na governança do sistema internacional — na reivindicação da alteração daquele órgão, tanto em sua composição como em seu processo decisório.

Quais são as notas básicas do novo cenário mundial, relevantes para o tema desta exposição, que têm impacto na diplomacia multilateral? Caracterizam-se pela passagem de um sistema de polaridades definidas — Leste/Oeste, Norte/Sul — para um de polaridades indefinidas, que está sendo modelado pelo jogo de duas forças profundas — as forças centrípetas de unificação e globalização, e as centrífugas de fragmentação. Exemplo das primeiras são os processos de integração econômica e política (UE, Nafta, Mercosul, etc.), da globalização da economia (OMC), das comunicações, etc. As forças de fragmentação se manifestam em fenômenos como a secessão de Estados, os conflitos étnicos, os fundamentalismos religiosos, etc. São forças que valorizam a sublevação dos particularismos, à semelhança da reação oposta pelo movimento *Sturm und Drang* do romantismo alemão à *Aufklärung*.

As forças de desintegração começam a fazer-se sentir em toda a sua intensidade a partir do colapso da União Soviética, que — podemos dizer — encerra uma primeira etapa do pós-Guerra Fria, marcada por certo otimismo e pela esperança de que os valores democráticos e liberais pudessem universalizar-se, em prazos não muito longos, e sem maiores percalços. A fragmentação da União Soviética e a crise nos Bálcãs, além de vários outros conflitos em diversas partes do mundo, vieram pôr fim a esse otimismo e mostrar o poder dos particularismos intolerantes e excludentes, sobretudo étnicos e religiosos. A virulência que assumem os conflitos étnicos atinge ápices impressionantes como as operações de limpeza étnica na ex-Iugoslávia e o genocídio de Ruanda. Quanto à intolerância religiosa, o exemplo mais dramático talvez seja a ação dos integristas argelinos.

É em meio a essa nova realidade internacional que se realiza, em Viena, em junho de 1993, a Segunda Conferência Mundial sobre Direitos Humanos, que foi também a segunda — após a Rio-92 — no ciclo de grandes conferências sobre os chamados "temas globais" de inspiração kantiana, diria, previstas pelas Nações Unidas. Não inventariarei aqui todos os avanços obtidos em Viena, nem descreverei os pormenores das negociações, os quais se acham muito bem comentados em artigos e obras de dois de nossos diplomatas mais atuantes e competentes na área dos direitos humanos, e que integraram a delegação brasileira àquele evento. Refiro-me ao embaixador Gilberto

Vergne Saboia, que presidiu o Comitê de Redação da Conferência, e ao ministro José Augusto Lindgren Alves. Limitar-me-ei a ressaltar os principais pontos da Declaração e Programa de Ação de Viena (DPAV), que representa, a meu ver, o "direito novo" que, na moldura da Carta da ONU, se tornou possível com o fim da Guerra Fria.

Primeiramente, destaca-se o reconhecimento da universalidade dos direitos humanos e da legitimidade da preocupação internacional com sua observância. Existem, também, dispositivos que reconhecem a pluralidade cultural, a importância das particularidades nacionais e regionais e os fatores históricos e religiosos. Entretanto, o caráter universal dos direitos humanos acha-se consagrado no documento, de modo inequívoco.

Outro ponto fundamental do documento é a conceituação dos direitos humanos como sendo indivisíveis, interdependentes e interrelacionados. Sepulta-se, assim, ao menos no nível conceitual da ONU, a idéia de uma hierarquização seletiva dos direitos humanos baseada nas polaridades Leste/Oeste, Norte/Sul.

O direito ao desenvolvimento é reafirmado igualmente, sendo enfatizado que é o homem o sujeito do desenvolvimento. Ao mesmo tempo, o documento preceitua que a falta de condições econômicas e sociais adequadas não pode ser invocada para justificar violações dos direitos humanos.

Reconhece-se a vinculação entre democracia, desenvolvimento e direitos humanos e reafirma-se a relação entre a democracia, os direitos humanos e a paz mundial.

A tutela internacional dos direitos humanos é legitimada e a soberania estatal limitada, no sentido de que também não pode ser utilizada para permitir violações dos direitos humanos. Não se chega, porém, a reconhecer o "direito de ingerência".

O direito à autodeterminação é reafirmado, com a ressalva de que não poderá ser invocado para justificar ações que tenham como objetivo a secessão e o desmembramento de Estados livres.

Cabe, por fim, mencionar que a DPAV propõe o estabelecimento do cargo de alto comissário das Nações Unidas — proposta posteriormente endossada pela Assembléia Geral — e faz uma série de recomendações com vistas à maior eficiência da *machinery* de direitos humanos das Nações Unidas. Entre elas cabe ressaltar a consolidação dos mecanismos de monitoramento, como os relatórios, e o reforço de articulação das diversas instâncias da ONU voltadas para os direitos humanos.

A Conferência de Viena reuniu delegações de 171 Estados, teve 813 organizações não-governamentais acreditadas como observadoras da Conferência, e mobilizou duas mil organizações não-governamentais no fórum paralelo das ONGs. A abrangência de sua representatividade conferiu, assim, legitimidade inédita, tanto aos avanços conceituais que logrou na área dos direitos humanos, quanto aos parâmetros que fixou para nortear o desenvolvimento da estrutura internacional montada para sua proteção e promoção. Essas conquistas — é bom lembrar — deram-se em momento difícil da cena internacional, com a eclosão de novos conflitos étnicos ou agravamento dos já existentes e o acirramento das desigualdades na distribuição de renda entre países e no interior deles. O consenso de Viena, nessas condições, deveu-se à conjugação de fatores tais como a determinação e espírito construtivo de algumas delegações, entre as quais a do Brasil, a participação expressiva da sociedade civil de numerosos países através das organizações não-governamentais — o que, de certa forma, poderia ser qualificado de presença da opinião pública mundial — e o receio de isolamento daqueles governos que, se as condições o permitissem, teriam evitado participar de qualquer exercício destinado à promoção dos direitos humanos.

O significado maior da Conferência de Viena, para voltar ao que afirmei no início desta exposição, parece ter sido a elaboração de diretrizes mais precisas, na área dos direitos humanos, para a construção de um sistema internacional em que a Política e a Ética deixem de ser esferas independentes, passando, ao contrário, a se interpenetrarem cada vez mais, nas linhas do ideal kantiano de uma razão abrangente do ponto de vista da humanidade. Em outras palavras, a Conferência favorece a subordinação das soberanias à ética dos princípios representados pelos direitos humanos.

## VII

Evidentemente, não se poderia esperar que as noções consagradas pela Conferência de Viena, por um consenso afinal frágil, viessem a ter um impacto imediato e espetacular na cena internacional, ainda que a importância dessas noções seja evidente, não só do ponto de vista da Ética como também do da própria governabilidade do sistema internacional e da sua capacidade de lidar com o diverso. Caberia, aqui, a propósito, fazer um parênteses e, para ir encaminhando as conclusões, recordar a metáfora de Bobbio ao examinar o papel da razão na história, segundo a qual, em face do futuro, os homens estariam numa posição como se estivessem dentro de um labirinto. Existem saídas, mas elas não são nem óbvias, nem fáceis de serem encontradas. A única coisa que o homem aprende, na experiência do labirinto, é que existem becos sem saída. A lição do labirinto, portanto, é a da verificação da estrada bloqueada.

Como vimos, a cena internacional vem tendo sua evolução determinada, de um lado, por forças de integração, de outro, por forças de fragmentação. À luz do que se passa hoje no mundo, a atuação das forças de integração na promoção de condutas compatíveis com os ideais incorporados na noção de direitos humanos parece, às vezes, menos poderosa do que a das forças de fragmentação. O mundo continua, como vimos, a testemunhar eventos espantosos do mal como a depuração étnica nos Bálcãs, o genocídio em Ruanda, a continuação de guerras civis cruentas como as da Libéria, Somália e Afeganistão, eventos cuja origem está ligada a violações maciças de direitos humanos e que constituem, naturalmente, eles próprios, violações gravíssimas não só dos direitos humanos como do Direito Humanitário. O recrudescimento do racismo e da xenofobia e o revigoramento dos movimentos neo-nazistas são outros fenômenos inquietantes, nesse contexto.

Por outro lado, a globalização da economia e a expansão do modelo de livre mercado, que constituiriam forças de integração ao lado do progresso tecnológico que permitem graças à liberação das energias humanas, têm agravado desigualdades sociais entre países ricos e pobres e aumentado o número dos excluídos. Além do mais, parece consolidar-se, em círculos influentes do poder e da opinião pública dos países desenvolvidos, a percepção não só de que o nível de ajuda externa aos países em desenvolvimento deve ser reduzido, mas também a de que a própria idéia de se procurar a correção dos desequilíbrios entre os países ricos e pobres, por mecanismos intervencionistas, é inadequada. Em vista da gravidade de certos problemas internos, sobretudo o desemprego, e dos desafios da competição global, muitos governos tendem a optar por políticas voltadas quase que exclusivamente para a afirmação da competitividade das economias nacionais, sem prejuízo da adoção de medidas protecionistas em certas áreas. Desse modo, reduzem-se os espaços para a solidariedade internacional. Isto ocorre apesar do caráter global de certos problemas não ser ignorado por esses governos. No entanto, o conflito entre objetivos de curto prazo e os de longo prazo, parece, vem sendo arbitrado em favor dos primeiros.

Em suma, além da ação das forças de fragmentação, a própria lógica da globalização ao agravar, pelo menos no primeiro momento, por força dos ajustamentos e das reestruturações, os desequilíbrios socioeconômicos entre os países e no interior deles, terminam contribuindo para o aumento de tensões capazes de degenerar em conflitos.

Nessas condições, apesar de terem aumentado o número de países democráticos e a aceitação bastante generalizada dos valores de convivência que consagra, o desrespeito dos direitos humanos civis, políticos, econômicos, sociais e culturais ainda persiste em todos as regiões do mundo e a plena realização do direito ao desenvolvimento permanece uma meta quase utópica.

Em face dessa realidade, uma instituição como a ONU, conforme se infere do que expusemos anteriormente, tem alguma capacidade de dar rumo à correção dos desequilíbrios mais graves relativos à paz, ao desenvolvimento e aos direitos humanos.

Há que se considerar, entretanto, que as Nações Unidas não configuram um estado supranacional e desempenham, apenas, como já observei no início desta palestra, o papel de um *tertius*, que exerce a função de uma instância de interposição. As decisões emanadas do órgão são fruto de negociações entre os Estados-membros, nas quais a persuasão e a pressão são os instrumentos básicos. Por trás da persuasão e da pressão existem motivações kantianas nobres e éticas, e motivações grocianas de cooperação interessada, de natureza política, estratégica ou econômica. Os pesos relativos dos países se espelham, no entanto, à maneira do realismo hobbesiano-maquiavélico, em todas as decisões de relevância adotadas pelas Nações Unidas.

As decisões das Nações Unidas refletem o que pensam os países mais poderosos, detentores do poder do veto no caso do Conselho de Segurança e, no caso da Assembléia Geral, o que pensa a maioria dos países-membros, sendo que só terão alguma chance de prosperar de imediato aquelas decisões que não encontrem objeção da maior parte dos países mais poderosos. Em síntese, na interação entre as múltiplas soberanias, a anarquia dos significados é freqüentemente equacionada com base no que os mais fortes pensam.

Há, é verdade, muitas vezes, espaço para compromissos e acomodações, nas quais os Estados, no campo dos direitos humanos, têm interesse, seja porque têm que prestar contas internamente — caso dos países democráticos — seja para não se verem isolados internacionalmente. Com efeito, hoje, no mundo pós-Guerra Fria, a legitimidade dos Estados e das sociedades, o seu *locus standi* no plano internacional, a sua credibilidade e seu acesso à cooperação internacional, se vêem reforçados com a promoção dos direitos humanos e a sua proteção democrática. Por isso, democracia e direitos humanos, no plano interno, passaram a ser um ingrediente relevante de *soft-power* no plano internacional. Assim, só tende a não haver compromisso na área de direitos humanos se e quando estiverem em jogo "interesses vitais" dos Estados, ou que, pelo menos, sejam assim considerados por seus governos.

De qualquer modo, as iniciativas da ONU capazes de repercutir em grau relevante e de maneira mais direta na ordem internacional devem contar com o respaldo dos países poderosos. Na falta desse apoio, as iniciativas da ONU não têm condições de prosperar, ao menos de modo mais imediato. Daí a percepção popular de que a ONU ou é um instrumento dos países mais poderosos ou é um organismo ineficaz, que produz quantidades de documentos que caem no vazio. Embora seja esta uma visão simplista, podemos dizer que há algo de verdadeiro nela, no sentido de que a ONU não é melhor ou mais poderosa do que os Estados que a compõem.

Por um outro ângulo, poderíamos dizer que a ONU conservaria, assim, uma fisionomia hobbesiana temperada e contida por importantes ingredientes grocianos.

Essas características de ação da ONU, no entanto, não retratam toda a verdade. Não poderíamos, com efeito, afirmar que a atuação da ONU leve em conta, no nível do CSNU, unicamente os interesses das grandes potências e que tenda, por conseguinte, à preservação do *status quo* mundial em termos de distribuição de poder. Nem poderíamos declarar que tudo o que a Assembléia Geral produz, sem gerar conseqüências imediatas, seja inútil.

Na verdade, por força de seu compromisso de respeitar a Carta das Nações Unidas, os Estados-membros, independentemente do que ocorre nos territórios sob sua jurisdição, são compelidos a legitimarem-se internacionalmente, a conduzir-se, nas deliberações do órgão, com referência aos princípios éticos contidos no documento de São Francisco. Em conseqüência, os documentos negociados no âmbito da ONU, mesmo se vazados em linguagem vaga, têm necessariamente conteúdo ético.

As exigências de legitimidade, portanto, fazem com que esses documentos tenham um teor que não pode deixar de refletir os princípios éticos contidos na Carta, com um potencial de influir, ainda que a prazo mais longo, na evolução dos assuntos mundiais. Esse potencial terá maiores chances de realizar-se na medida em que, no plano interno dos países, se consolidem regimes democráticos. Mesmo no caso de regimes autoritários, a visão onusiana das coisas acaba por se fazer conhecer, já que os Estados-membros não podem obstaculizar sistematicamente a divulgação dos textos da ONU e o clima axiológico que refletem. De qualquer modo, há uma interação entre o processo internacional no âmbito da ONU e o processo doméstico, que termina gerando impulsos poderosos em direção à realização de objetivos éticos.

Além disso, a própria maneira multilateral como são tomadas as decisões nas Nações Unidas — em que o diálogo, a moderação e a razão influem consideravelmente — favorecem o desenvolvimento de uma ética centrada na tolerância e na razão.

Por fim, não se poderia subestimar o fato de que — por uma evolução auspiciosa dos acontecimentos — os países mais poderosos na cena internacional — as democracias ocidentais e o Japão — crescentemente incorporam em suas políticas externas as aspirações de suas sociedades civis. Estas cada vez mais demonstram não tolerar políticas baseadas na *raison d'État*, nem tampouco na diplomacia secreta. As políticas externas das grandes democracias ocidentais são continuamente objeto do escrutínio das sociedades civis. A exigência de transparência leva a que as atuações externas desses países incorporem progressivamente a perspectiva dos governados, a perspectiva *ex parte populi*, de vocação universal. Na medida, pois, em que esse controle dos governos pela sociedade civil — inclusive através de sua participação direta e indireta nas deliberações da ONU, e aí as ONGs têm papel relevante — se fortaleça nos países mais poderosos e em que a maioria dos países-membros da ONU torne-se democrática, estaremos atingindo, no plano internacional, especialmente no âmbito da ONU, um nível de convergência e complementaridade entre a Política e a Ética, entre a força e o direito que favorece o ideal kantiano da razão abrangente da paz perpétua e do direito à hospitalidade universal.

Assim sendo, podemos concluir dizendo que, apesar de todas as deficiências que possa ter, a ONU, sem dúvida, é um fator essencial na promoção de ideais éticos, em geral, e dos direitos humanos, em particular. Essa capacidade da ONU deriva dos princípios consagrados em sua Carta, cuja origem é o reconhecimento da legitimidade do patrimônio das idéias éticas da humanidade. O triunfo definitivo dessas idéias é, no entanto, uma incógnita. A missão que temos todos aqueles que crêem nesses ideais é de lutar para que eles se realizem cada vez mais — pois todos os valores têm a dimensão da inexauribilidade — e para que as vias bloqueadas de que fala Bobbio no contexto de sua metáfora sobre o labirinto sejam definitivamente evitadas.

*Genebra, 1995*

# O Cinqüentenário da Declaração Universal

## A tutela dos direitos humanos no plano internacional no limiar do século XXI: resistência e realizabilidade

### I

É inegável a importância da Declaração Universal dos Direitos Humanos, cujo cinqüentenário estamos celebrando. No correr destes cinquënta anos foram muitas as análises jurídicas, políticas e históricas a respeito da natureza e da função da Declaração Universal. Entendo que ela pode ser qualificada como um evento-matriz no trato dos direitos humanos em escala mundial e, nesta exposição, o ponto de vista analítico que vou tentar explorar é o de considerar a Declaração Universal como um documento cuja função foi a de traçar, como diria Miguel Reale, uma política do Direito. Em poucas palavras, isto significa o reconhecimento no âmbito do sistema internacional de valores que passaram a pesar nas decisões do poder, na prática dos Estados e no processo de criação de normas de Direito Internacional Público.

A Declaração Universal, como documento embasador de uma política de direito, vem enfrentando, nestes cinqüenta anos, — como ocorre com qualquer política de direito, por obra da interação entre Fato, Valor e Norma — resistências mas também contabilizando realizações expressivas. Resistência e realizabilidade são dimensões importantes do tema da efetividade da tutela dos direitos humanos no plano internacional. Este é o contexto da análise deste texto.

Começo a análise ressalvando que não é nem simples nem linear a discussão dos fatores que vêm levando no processo histórico à emergência e à consolidação da tutela jurídica dos direitos humanos nas sociedades humanas. Por isso parece-me útil evocar alguns conceitos heurísticos, relevantes para o enquadramento da relação entre os valores e a realidade, lastreados na teoria tridimensional do direito de Miguel Reale.

Os valores são um bem cultural. Têm um suporte, uma base na realidade, mas têm igualmente um significado que aponta para uma direção de "dever ser". Os valores, por isso mesmo, referem-se à realidade, mas a ela não se reduzem. Os valores têm igualmente várias dimensões. A primeira delas é a da gradação hierárquica de sua importância pois os valores têm pesos distintos. Daí a noção de valores fundamentais. Um dos pontos que vou abordar nesta exposição é como, no processo histórico, os direitos humanos foram sendo desvendados como um valor fundamental de convivência humana e de que maneira se pode dizer que são, no mundo contemporâneo, um "adquirido" axiológico.

O reconhecimento político e jurídico da importância hierárquica de um valor não esgota a sua análise, porque a história é um processo aberto, no qual operam conjunturas e situações que ora favorecem a prevalência de um valor, ora oferecem resistência à sua afirmação. Daí na análise de valor, a importância de duas outras dimensões: a realizabilidade e a inexauribilidade que articulam a relação entre o suporte do valor na realidade e o seu significado enquanto um "dever ser" de condutas humanas.

A realizabilidade diz respeito à capacidade do valor efetivar-se historicamente na "praxis" com apoio numa determinada realidade sociopolítico-econômica. A inexauribilidade aponta para a percepção de que o valor se refere à realidade mas nela não se esgota. Não é um dado, pois é da natureza do valor, como bem cultural, revelar-se na História, mas sobre ela projetar-se enquanto *vis directiva* por obra do seu sempre inovador significado vetorial.

Realizabilidade e inexauribilidade coexistem numa dialética aberta de mútua implicação e polaridade. É este jogo dialético entre realizabilidade e inexauribilidade que permite compreender como os direitos humanos, enquanto um adquirido civilizatório, podem se adensar ou se fragilizar. É isto o que tentarei explicitar em matéria de direitos humanos no plano internacional, incorporando na reflexão do professor a experiência diplomática vivida nestes anos como embaixador do Brasil em Genebra, que inclui a responsabilidade de atuar no âmbito da Comissão de Direitos Humanos da ONU.

## II

A objetivação histórica do valor da pessoa humana, na relação político-jurídica governantes-governados, exprime-se através da afirmação da perspectiva *ex parte populi* por meio do reconhecimento pelo direito positivo dos direitos humanos. Esta positivação expressa um processo histórico de integração de valores percebidos como fundamentais para a boa convivência coletiva. Provêm de legados históricos, irradiadores de feixes axiológicos, configuradores de um sentido de direção. Entre eles cabe destacar: (i) o legado da Grécia (a liberdade de pensar como a pluridade do pensar); (ii) o de Roma (a consciência dos valores autônomos do Direito); (iii) o do cristianismo (o reconhecimento da igualdade da natureza humana, independentemente dos invólucros políticos e sociais da cidadania); (iv) o do liberalismo (o governo é para o indivíduo e não o indivíduo é para o governo, que significa: liberdade entendida como distribuição de poder político, econômico, cultural entre os governados e limitação pelo Direito do poder dos governantes, com base no pressuposto que todo indivíduo tem direito a ter direitos) e (v) o do socialismo (a exigência da igualdade perante a vida e a cultura, concebida como um direito de crédito reconhecido a cada ser humano de participar do "bem-estar social", daquilo que a espécie humana, num processo coletivo, vai acumulando através do tempo).

É precisamente o processo histórico de positivação normativa destes "feixes axiológicos", a partir da Revolução Americana e da Revolução Francesa, o que explica a evolução no plano interno dos Estados, da abrangência do reconhecimento do valor da pessoa humana. Este é, a meu ver, o significado dos caminhos políticos, jurídicos, econômicos e sociais que levaram às assim chamadas várias gerações de direitos, e que traduzem uma preocupação de "domesticar" o poder, subordinando-o aos interesses da cidadania.

Não vou examinar, nesta exposição, as relações de complementaridade e de conflito no plano interno entre as várias gerações de direitos: os direitos civis e políticos, os direitos econômicos, sociais e culturais, os direitos de titularidade coletiva. Vou circunscrever a minha análise a como os direitos humanos foram se afirmando na agenda internacional e quais são, hoje, as resistências que se antepõem à sua plena realizabilidade.

III

No plano internacional, a abrangente positivação dos direitos humanos é recente. Ao comentar esse processo e suas vicissitudes, levarei em conta que, no estudo das relações internacionais, é válido distinguir, para efeitos de análise, três campos:

(i) o *campo estratégico-militar,* que diz respeito ao problema da paz e da guerra. Este campo tem como foco a situação-limite da sobrevivência de um Estado como uma unidade independente. Por isso mesmo tende a promover a qualificação dos demais protagonistas da vida internacional basicamente como aliados, protetores ou inimigos;

(ii) o *campo das relações econômicas,* que articula o que um país representa ou pode representar para outro como mercado em seu sentido mais amplo. Daí a ênfase que se atribui, neste campo, à noção de interesse econômico;

(iii) finalmente, cabe mencionar o *campo dos valores,* que alude às afinidades e discrepâncias quanto à forma de conceber a vida em sociedade.

No estudo destes três campos é possível dizer, para recorrer à "lição dos clássicos", que a tradição iniciada por Maquiavel e Hobbes — a do realismo do poder — vê como nota identificadora da vida internacional a anarquia do "estado de natureza" da guerra de todos contra todos. Por isso é a mais usualmente empregada para compreender a dinâmica do campo estratégico-militar. Este é assim normalmente entendido como o da política do poder e da razão-de-Estado. A lei fundamental que rege este mapa do conhecimento é a da sobrevivência; suas regras de conduta são a prudência, o expediente e a força. Para esta tradição que afirma a prevalência do estratégico-militar sobre os demais campos, os direitos humanos são, na melhor das hipóteses, uma questão de prudência e expediente. Daí a resistência desta tradição à inclusão dos direitos humanos na agenda internacional.

O campo das relações econômicas, para continuar com a "lição dos clássicos", ajustar-se-ia melhor à *tradição grociana*, que vê na sociedade internacional um potencial de sociabilidade e de solidariedade que torna possível conceber a política internacional como um jogo que não é, inapelavelmente, de soma-zero. Para a tradição grociana, na vida internacional existe confronto mas existe também cooperação. Por isso a sociedade internacional comporta a interação organizada — e não anárquica — entre Estados e sociedades nacionais, num abrangente processo baseado na racionalidade e na funcionalidade da reciprocidade de interesses. Decorre desta premissa do mapa do conhecimento grociano o papel positivo que podem desempenhar o sistema jurídico do Direito Internacional Público, as organizações internacionais, a cooperação intergovernamental e a valorização do transnacionalismo dos atores não-governamentais. A tradição grociana abre assim espaço para a inclusão dos direitos humanos na agenda internacional. É mais restrita, no entanto, nesta matéria do que a tradição kantiana que, freqüentemente, é utilizada na análise do campo dos valores.

Com efeito, o paradigma da tradição kantiana vai além da visão grociana na identificação das características da sociedade internacional pois a considera mais abrangente do que a soma e o jogo dos interesses de suas partes. É cosmopolita e rege-se por uma "razão abrangente" que comportaria a realizabilidade do ponto de vista da humanidade e o princípio de que todo e cada ser humano é um fim em si mesmo e não um meio a ser instrumentalizado pelos interesses de outros. Na cena internacional contemporânea, no campo dos valores, o mapa do conhecimento da tradição kantiana detecta a inserção operativa de uma razão abrangente da humanidade através da inclusão, na agenda internacional, dos assim chamados temas globais. É o caso, por exemplo, de meio ambiente e direitos humanos que inauguraram, respectivamente, no Rio de Janeiro em 1992, e em Viena em 1993, a série das grandes conferências multilaterais da ONU pós-Guerra Fria, sobre temas globais.

A relação entre os três campos e as três tradições de análise, que podemos haurir da "lição dos clássicos", é uma relação de aproximação por afinidades eletivas, não de subsunção automática e inequívoca. A realidade internacional é ontologicamente complexa e pluralista, e os três campos são interdependentes e se influenciam reciprocamente. Por essa razão de natureza epistemológica, cada um dos três campos comporta ao mesmo tempo, com maior ou menor ênfase, dependendo das circunstâncias e conjunturas, leituras maquiavélico-hobbesianas, grocianas e kantianas.

Em síntese, para recorrer a Kant, na linha de Hannah Arendt, o juízo sobre a realidade internacional não é do tipo *determinante* que permite subsumir, sem maiores problemas, cada um dos três campos ao paradigma da análise com o qual tem, em princípio, maiores afinidades eletivas. É um *juízo reflexivo* que busca extrair das particularidades das situações e das conjunturas a sua validade geral. Com efeito, precisamente porque os "universais" destas três tradições de análise são fugidios e não aplicáveis, sem mediação, aos fatos concretos, a tarefa de um juízo reflexivo é a de discriminar qual é o alcance, o significado e a propriedade de uma leitura maquiavélico-hobbesiana, grociana ou kantiana da realidade internacional. É com base nesta linha de raciocínio que vou examinar o tema da resistência e da realizabilidade dos direitos humanos no plano internacional.

## IV

O sistema internacional que se configurou depois da Segunda Guerra Mundial teve, entre os seus ingredientes constitutivos, no campo dos valores, o impacto do mal ativo, associado à prepotência do poder tal como exercido pelos governantes dos regimes totalitários, manifesto em especial no horror *erga omnes* da descartabilidade do ser humano no período nazista. A percepção de que isto representou uma ruptura inédita em relação à tradicional preocupação com o bom governo dos Estados soberanos, instigou um alargamento e um aprofundamento da temática dos direitos humanos no plano internacional. Com efeito, a presença em larga escala dos refugiados, dos apátridas, dos deslocados no mundo; as realidades do genocídio e dos campos de concentração viabilizaram uma "idéia-força": a de que o "direito a ter direitos", para falar como Hannah Arendt, só poderia começar a efetivar-se se o direito de todo o ser humano à hospitalidade universal, apontado por Kant no *Projeto de Paz Perpétua*, tivesse uma tutela internacional, homologadora do ponto de vista de uma razão abrangente da humanidade.

A Carta das Nações Unidas — que inaugura, no plano internacional, a abrangente positivação dos direitos humanos — consagrou, assim, em vários artigos, com uma amplitude que não tinha o Pacto da Sociedade das Nações, uma leitura kantiana dos direitos humanos. Vale dizer, admitiu a possibilidade da inserção operativa de uma razão-abrangente da humanidade que poderia, no tempo, conter a "*raison-d'État* discricionária das soberanias" impeditivas da tutela jurídica internacional da pessoa humana. A Carta das Nações Unidas representou assim um "direito novo", axiologicamente sensível à tradição kantiana e por isso mesmo crítico da tradição maquiavélico-hobbesiana. Traçou, conseqüentemente, uma política do Direito para tornar realizável, no plano internacional, a prevalência de uma visão kantiana dos valores inerentes à tutela dos direitos humanos. Daí a criação, em 1946, da Comissão de Direitos Humanos e a sua fecunda elaboração legislativa, de que são expressão a *soft-law* da Declaração Universal de 1948 — que deu conteúdo normativo à política do Direito contemplada pela Carta das Nações Unidas — e a *hard-law* dos Pactos de 1966: o de Direitos Civis e Políticos e o de

Direitos Econômicos, Sociais e Culturais. Esta estrutura normativa dos direitos humanos, no quadro das Nações Unidas, se viu integrada e adensada por diversas outras convenções que assinalam, em conjunto, o reconhecimento do valor da pessoa humana em escala universal.

Esta visão kantiana de uma razão abrangente da humanidade inseriu-se nas realidades de poder de um sistema internacional de polaridades definidas, assinalado, hierarquicamente, pela relação de conflito e cooperação entre as duas grandes super-potências — EUA/URSS. A bipolaridade EUA/URSS, durante a sua vigência, não teve poder suficiente para dar conta de toda a vida internacional e, nas brechas da polaridade Leste/Oeste, foi se articulando, com a emergência política do Terceiro Mundo, a polaridade Norte/Sul.

No campo dos valores, em matéria de direitos humanos, a conseqüência de um sistema internacional de polaridades definidas — Leste/Oeste, Norte/Sul —, foi a *seletividade*. Esta seletividade, que conteve a efetividade histórica da transformação hegemônica do conjunto dos direitos humanos, contemplada em primeiro lugar na Declaração Universal, como "invariantes axiológicas", na acepção de Miguel Reale, viu-se bastante impregnada de componentes maquiavélico-hobbesianos em função do que se poderia chamar, seguindo Gramsci, a batalha ideológica em torno da organização hegemônica da cultura. Traduziu-se no favorecimento, pelos Estados Unidos, dos direitos civis e políticos provenientes da herança liberal; na ênfase da argumentação da URSS em prol dos direitos econômicos e sociais, derivados do legado axiológico do socialismo, e no empenho do Terceiro Mundo de elaborar uma identidade cultural própria, propondo direitos de titularidade coletiva como o direito ao desenvolvimento e o direito ao patrimônio comum da humanidade, em matéria de Fundos Oceânicos, na Convenção sobre o Direito do Mar.

A seletividade reflete, pois, um sistema internacional axiologicamente heterogêneo, impregnado de batalhas ideológicas travadas pelos diversos pólos em torno de diferentes concepções quanto à hierarquia entre os direitos humanos, provenientes dos diversos legados históricos.

A impregnação kantiana da temática dos direitos humanos no plano internacional teve, no entanto, suficiente força para atenuar o ímpeto de seletividade maquiavélico-hobbesiana. A conseqüência, a meu ver, foi, neste segmento do campo dos valores, uma grociana "coexistência pacífica", de conflito e cooperação, entre as visões privilegiadas pelas polaridades Leste/Oeste, Norte/Sul então vigentes.

## V

A queda do muro de Berlim, tendo anunciado o fim da bipolaridade, pode ser qualificada como um evento-matriz, assinalador de uma nova dinâmica do funcionamento do sistema internacional, abrindo a perspectiva de uma maior integração dos valores de convivência. Esta dinâmica, na minha avaliação, caracteriza-se pela presença de polaridades indefinidas. Estas explicam, nos três campos, coligações de geometria e composição variável, modeladas pelo jogo de duas "forças profundas": as centrípetas da unificação e globalização, e as centrífugas da fragmentação.

As forças centrípetas instigam uma lógica da globalização que se articula em múltiplas instâncias — finanças, investimentos, comércio, informação, democracia, direitos humanos, segurança coletiva, etc. As forças centrípetas predominaram de maneira bastante avassaladora, na primeira etapa do pós-Guerra Fria, — a que se estende da queda do Muro até a Guerra do Golfo. As forças centrífugas, derivadas do aflorar dos particularismos e das especificidades, fizeram sentir o ímpeto de sua presença no segundo pós-Guerra Fria — etapa que se inicia com a decomposição da URSS e do edifício interestatal, estruturador do sistema soviético. Controladas enquanto vigorou a bipolaridade — que de certa forma engessava o sistema internacional —, essas forças se liberam com o fim da Guerra Fria. Desta liberação surgiram fenômenos que tiveram um impacto negativo em matéria de direitos humanos, como guerras civis (Afeganistão, Libéria), conflitos étnicos (Ruanda, Burundi, ex-Iugoslávia), movimentos de refugiados e deslocados internos e o colapso de Estados (Somália). As forças centrífugas comandam uma lógica de fragmentação. Esta atua ao mesmo tempo que a de globalização, por via de uma "dialética dos contrários", e está presente nos três campos analíticos: o estratégico-militar, o econômico e o de valores.

No campo dos valores, em matéria de direitos humanos, democracia e paz, a Conferência de Viena de 1993 é uma admirável expressão do melhor de uma "ilustrada" lógica de globalização, que dá seqüência à Declaração Universal de 1948. Consagrou, pelo consenso de 171 Estados, vivificado pela atuação da sociedade civil através da presença de organizações não-governamentais, uma leitura kantiana das formas de conceber a vida em sociedade — ou seja, uma renovada leitura do papel dos direitos humanos como expressão da convivência coletiva. Superou a seletividade maquiavélico-hobbesiana e foi além da "coexistência pacífica" grociana, ao asseverar a universalidade, indivisibilidade e interdependência dos direitos humanos (e também dos seus feixes axiológicos), nas suas múltiplas gerações, transcendendo, assim, através de uma razão abrangente da humanidade, a razão mais circunscrita dos interesses das polaridades Leste/Oeste, Norte/Sul, até então prevalecentes na matéria. A Conferência de Viena endossou a democracia como forma de governo mais favorável para a tutela dos direitos humanos. Registrou que a sua observância contribui para as relações amistosas e pacíficas entre as nações. Reconheceu, conseqüentemente, os direitos humanos como um tema global, ou seja, como um ingrediente positivo para a governabilidade do sistema mundial, legitimando e legalizando, desta maneira, em novos moldes, a preocupação internacional com a sua promoção e proteção e afastando a objeção de que o tema dos direitos humanos está no âmbito exclusivo da competência soberana dos Estados.

O consenso alcançado em Viena explicitou a hierarquia axiológica — sem a seletividade concreta dos interesses — inerente à interdependência dos direitos humanos no plano internacional. Neste sentido, poder-se-ia apontar que os direitos humanos alcançaram, no plano universal, por obra da integração dos valores da convivência coletiva, normativamente positivados, o *status* de valores fundamentais. Tornaram-se pois parâmetros das formas de conceber a vida em sociedade, *standards* da legitimidade do poder das soberanias e como tal indicadores e balizas do *locus standi* e da credibilidade dos Estados e de seu acesso à cooperação internacional. Os direitos humanos seriam, em outras palavras, um "adquirido axiológico" desvendado pelo "senso majestoso da História", como diria José Guilherme Merquior, na sua análise da relação entre os valores e a História na obra de Miguel Reale.

## VI

Este consenso kantiano, viabilizado politicamente por um sistema internacional de polaridades indefinidas é, no entanto, por obra da lógica da fragmentação — que interage dialeticamente por implicação e polaridade com a lógica da globalização —, um consenso frágil, do ponto de vista da realizabilidade. Ele exprime um respeitável "minimalismo ético", que Michael Walzer qualificaria como sendo o de uma *thin morality*, que requer uma dedicada obra de adensamento.

A realizabilidade deste consenso, através do seu adensamento axiológico, não é uma tarefa fácil. Encontra resistências que cabe sumariar pois as enfrenta hoje, no plano universal, continuamente, em função da indefinição das polaridades na qual opera a lógica da fragmentação: (i) os dilemas da seletividade das preocupações maquiavélico-hobbesianas da "razão-de-Estado", inerentes ao campo estratégico-militar — preocupações que derivam dos graves problemas de segurança, que num mundo de polaridades indefinidas se exprimem de maneira centrífuga; (ii) o peso do jogo dos grandes interesses que gravitam, ainda que grocianamente, no campo econômico — interesses que, numa economia globalizada e competitiva, se traduzem em cautelas e seletividades e, (iii) no campo cultural, numa certa "anarquia de significados". Esta vem redundando na sublevação dos particularismos, em especial os de cunho fundamentalista, intolerante e excludente, geradores de resistências à universalização de certos direitos, como o da mulher. Ao insistir na prevalência centrífuga de tradições, costumes e visões do mundo, estes particularismos, sobretudo quando de cunho fundamentalista e excludente, diluem, com um componente da confrontação Norte/Sul, as aspirações de uma visão kantiana, dificultando a realizabilidade do consenso de Viena.

Esta obra de adensamento axiológico tem, portanto, esbarrado em componentes de politização que, nas Nações Unidas, em especial no âmbito da Comissão de Direitos Humanos, vêm se revestindo, o mais das vezes, com as aparências simplificadoras de um debate Norte/Sul.

A manipulação destas dificuldades Norte/Sul por alguns países influentes do Sul tem sido politicamente facilitada pelo tom, freqüentemente arrogante — evocador de atitudes colonialistas — com o qual os países ocidentais criticam o desempenho de muitos países do Terceiro Mundo em matéria de direitos humanos. Daí, como via de conseqüência, a presença latente, na CDH, do tema do confronto de civilizações, à maneira de Huntington.

No contexto destas clivagens Norte/Sul, cabe observar que o mundo em desenvolvimento não se posiciona de maneira uniforme. Na América Latina — o "extremo Ocidente", como já foi qualificada — um importante bloco de países, ciosos de sua identidade democrática — é este especialmente o caso dos integrantes do Mercosul e do Chile —, têm defendido com clareza os direitos humanos bem como uma interpretação não-seletiva da Declaração de Viena. Na África, a África do Sul tem tido papel semelhante.

Na minha avaliação, no que tange às dificuldades Norte/Sul, a resistência à idéia da universalidade dos direitos humanos caracteriza mais o que se poderia qualificar de uma postura asiática do que uma posição terceiro-mundista. Nações milenares e de glorioso passado civilizacional sublinham assim uma diferença entre uma concepção ocidental dos direitos humanos, centrada no indivíduo, e a sua própria visão, de cunho comunitário, mais propensa assim aos direitos econômicos, sociais e culturais. Exploram também, aí com maior ressonância, que a implementação dos direitos humanos deve levar em conta sua indivisibilidade, mas adaptar-se às diferentes condições socioeconômicas e aos diferentes contextos culturais.

Esta postura, ainda que não conteste abertamente a idéia da universalidade dos direitos humanos, contribui adicionalmente para fragilizar o consenso de Viena, e é assim um aspecto da resistência à sua tutela no plano internacional.

Outro aspecto da dialética da implicação e polaridade entre realizabilidade e inexauribilidade pode ser detectado nos atores que operam a temática dos direitos humanos no plano da cooperação internacional: os Estados, através de suas representações diplomáticas, e a sociedade civil, através das organizações não-governamentais, que têm voz no âmbito da CDH.

Com isto, o que estou querendo dizer é que o diplomata de boa-fé preocupa-se com a realizabilidade, na *praxis*, dos direitos humanos e é com esta perspectiva de cunho mais realista que argumenta, perante o *comum* do *auditório universal* — para qualificar, com Perelman, a CDH — as condutas internas e internacionais dos Estados soberanos que representa. Já os militantes das organizações não-governamentais cobram dos governos, perante a CDH, com ênfase centrífuga em situações locais e contextos particulares, proveniente da lógica da fragmentação de sua vocação preponderantemente monotemática —, a inexauribilidade do valor dos direitos humanos. Em outras palavras, numa perspectiva mais idealista, as ONGs apontam para o significado vetorial dos direitos humanos que, como valor, nunca se esgota como um dado da realidade, mas que se inova e se projeta no futuro enquanto *vis directiva* de conduta.

Esta tensão é, em princípio, fecunda, pois numa dialética de complementaridade, contribui para o adensamento axiológico da *thin morality* consagrada universalmente em Viena. Esta dialética da complementaridade é, no entanto, complexa e não está isenta de dificuldades no dia-a-dia, dada a seletividade tópica que caracteriza boa parte da militância das organizações não-governamentais.

Para concluir estas reflexões sobre como a História se mantém como um processo esquivamente aberto, mesmo depois do reconhecimento da importância hierárquica dos direitos humanos, creio que vale a pena fazer ainda uma observação. A globalização econômica favoreceu a globalização axiológica, mas vem redundando, em função das novas exigências de inserção competitiva dos países num mundo interdependente, numa reformulação do papel do Estado. Esta reformulação, que se dá no bojo da crise fiscal do estado de bem-estar social que a antecede, recoloca outra e nova dimensão da realizabilidade. Com efeito, não se contesta hoje no plano da ordenação hierárquica, a relevância dos direitos econômicos e sociais. Estes, no entanto, no momento atual, são basicamente um direito de crédito do indivíduo em relação à sua coletividade nacional, que normalmente atribui ao seu Estado a responsabilidade de saldar estes créditos. Ora, a falta de recursos e a crise do Estado intervencionista compromete, em escala universal, a possibilidade de os governos serem um suporte da realidade para sustentar a dimensão vetorial dos direitos econômicos e sociais.

Uma palavra final, para arrematar o alcance destas reflexões sobre resistência e realizabilidade da agenda dos direitos humanos no plano internacional, inspirada pelo cinqüentenário da Declaração Universal de 1948. Os direitos humanos, como valores fundamentais da convivência coletiva, logicamente correlacionados com a democracia no plano interno e a paz no plano internacional, na lição de Norberto Bobbio, podem ser considerados como um "adquirido axiológico" de alcance universal. Este "universal", dadas as rupturas e descontinuidades que caracterizam o processo histório, é fugidio. Indica o melhor caminho e aponta que o seu descumprimento leva, para recorrer à metáfora de Bobbio sobre o papel da razão, a becos sem saída. Vigiar a sua realizabilidade e combater pela sua inexauribilidade é uma tarefa intelectual e política que representa, no meu entender, um inarredável "dever ser" de conduta, nas sempre incertas veredas do "Grande Sertão" do mundo.

*Genebra, 1998*

## Indicações sobre os textos reunidos neste livro:

1. O impacto de um mundo em transformação no Direito Internacional Econômico: reflexões sobre a OMC no cinqüentenário do sistema multilateral de comércio

In *Política Externa*, v. 7, n. 1, jun.-jul.-ago. São Paulo: Paz e Terra, 1998, p. 3-14; versão em espanhol publicada em *Archivos del Presente*, ano 3, n. 11, Buenos Aires: Fundación Foro del Sur, 1997/1998, p. 95-110; e versão em francês publicada no *Journal du Droit International*, n. 4, out.-nov.-dez. Paris: Editions DU, 1998, p. 933-944.

2. As exportações brasileiras e a "nacionalidade" dos produtos: sobre a importância das regras de origem

In n'*O Estado de São Paulo*, 23/04/98.

3. O Japão, a crise asiática e a OMC: considerações sobre o Mecanismo de Revisão de Políticas Comerciais (TPRs)

In *O Estado de São Paulo*, 15/02/98.

4. O Órgão de Solução de Controvérsias da OMC: balanço de uma gestão

Versão em português, do discurso pronunciado em inglês na reunião do Órgão de Solução de Controvérsias, realizada em 22 de janeiro de 1997. (WTO/DSB(97)ST/1 — 31 January 1997). In *A OMC e a regulamentação do comércio internacional: uma visão brasileira*. Porto Alegre: Livraria do Advogado, 1998.

5. O Conselho Geral da OMC: balanço de uma gestão

Versão em português do discurso pronunciado em inglês, na reunião do Conselho Geral realizada em 19 de fevereiro de 1998. (WTO/GC/(98)ST/1 - 24 February 1998)

6. "Dividendos da paz" no mundo pós-guerra fria?

In *O Estado de São Paulo,* 5/07/97.

7. As novas dimensões do desarmamento: os regimes de controle das armas de destruição de massa e as perspectivas para eliminação de armas nucleares

In Gilberto Dupas e Tullo Vigevani, org., *O Brasil e as novas dimensões da segurança internacional.* Alfa-Omega, no prelo (maio de 1999).

8. A ONU e os direitos humanos

In *Estudos Avançados,* 9/(25), 1995, IEA-USP, p. 169-185.

9. O cinqüentenário da Declaração Universal: a tutela dos direitos humanos no plano internacional no limiar do século XXI: resistência e realizabilidade

In Alberto Amaral Jr. e Cláudia Perrone Moisés, org., *O Cinqüentenário da Declaração Universal dos Direitos do Homem.* São Paulo: Edusp, no prelo (maio de 1999)

Impressão e Acabamento
Bartira
Gráfica
(011) 4123-0255